Akte X Stories
Die unheimlichen Fälle des FBI

Gezeichnet

Les Martin

Gezeichnet

Roman

auf Basis der gleichnamigen Fernsehserie
von Chris Carter, nach einem Drehbuch
von Chris Carter

Aus dem Amerikanischen
von Ulrich Hoffmann

Für Stephanie,
Hüterin der X-Akten.

Erstveröffentlichung bei:
HarperTrophy – A Division of HarperCollins Publishers, New York
Titel der amerikanischen Originalausgabe:
The X-Files – X marks the spot

Die Deutsche Bibliothek – CIP-Einheitsaufnahme
Akte X – die unheimlichen Fälle des FBI. – Köln : vgs.
Gezeichnet/Les Martin. Aus dem Amerikan. von Ulrich
Hoffmann. – 1. Aufl. – 1995
ISBN 3-8025-2365-2

8. Auflage 1996

Lektorat: Annekatrin Klaus
Umschlagfoto: © 1995 by 20th Century Fox Corp.
Umschlaggestaltung: Papen Werbeagentur, Köln
© des Titel-Logos mit freundlicher Genehmigung
von PRO SIEBEN
Satz: ICS Communikations-Service GmbH, Bergisch Gladbach
Druck: Clausen & Bosse, Leck
Printed in Germany
ISBN 3-8025-2365-2

1

Die junge Frau rannte durch den dunklen Wald. Ihre Füße waren nackt. Sie trat auf Steine, rutschte über nasse Blätter am Boden. Ihr Nachthemd ließ die Arme frei. Zweige und Dornen rissen an ihrer Haut. Doch sie lief immer weiter, und ihr Gesicht verriet, warum. Es hatte den Ausdruck eines gehetzten Tieres.

Schweiß auf ihrer Haut. Sie keuchte. Tränen füllten ihre Augen. Sie erreichte eine Lichtung. Dann ein entsetzter Ausdruck auf ihrem Gesicht, als sie spürte, daß sie fiel.

Sie war über eine vorstehende Wurzel gestolpert und stürzte hart auf Hände und Knie. Keuchend blieb sie liegen. Sie war zu erschöpft, um aufzustehen.

Sie wußte, die Jagd war vorüber. Sie konnte nur noch warten.

Einen Moment später war es vorbei.

Ein Wirbel aus Staub und Blättern erhob sich vom Waldboden. Schneller und schneller kreiste die Windhose. Kleine Steinchen flogen durch die Luft, stachen ihre Haut wie eine Million Bienen. Verzweifelt blinzelte sie mit den Augen. Dann sah sie die Explosion gleißend hellen Lichts.

Ein überirdisches weißes Strahlen erfüllte die Lichtung. Gleichzeitig ertönte ein hohes Summen. Das Mädchen hielt sich die Ohren zu. Doch das Geräusch durchdrang jede Abwehr, wie das Heulen einer Kreissäge. Dann wurde es noch schlimmer, ein wummerndes Dröhnen, ein gigantischer Hammer auf Metall.

Der Körper des Mädchens verspannte sich, es schlang die Arme um seinen Oberkörper und wartete.

Ein Wesen entstieg dem weißen Licht. Es war nur ein Schemen in den immer gleißenderen Strahlen. Und alles – das Wesen, das Mädchen, die Lichtung, der Wald, die Nacht – verschwand in diesem rasenden Glühen.

Nur die Stimme des Mädchens blieb. Es schrie, ein Wort, vielleicht einen Namen, der Schmerz zerfetzte die Töne.

Das Echo ihres Schreis erstarb. Das Licht verschwand, und der dunkle Wald war wieder still wie ein Grab. Dann begannen die Vögel zu zwitschern. Die Blätter raschelten im Wind. Das Leben ging weiter, rings um den leblosen Mädchenkörper.

Sie fanden sie am nächsten Tag. Ein Wachtel-Jäger entdeckte die Leiche in der Dämmerung und fuhr, so schnell er konnte, in die Stadt zurück. Als die Morgensonne den Himmel über Oregon blau färbte, waren die Gesetzeshüter zur Stelle.

„Der Tod ist vor etwa acht bis zwölf Stunden eingetreten“, sagte der Gerichtsmediziner dem Polizeichef. Sie standen da und schauten hinunter auf das tote Mädchen, das mit dem Gesicht nach unten lag. Neben ihr knieten die beiden Assistenten des Gerichtsmediziners.

„Todesursache?“ fragte der Polizist. Er war ein großer, kräftiger Mann, doch jetzt waren seine breiten Schultern heruntergesackt.

Der Gerichtsmediziner räusperte sich, bevor er antwortete. „Keine sichtbaren äußeren Einwirkungen. Nur ein paar Kratzer und Beulen. Aber keine Anzeichen von Schlägen oder Gewaltanwendung. Bloß das hier.“

Der Gerichtsmediziner kniete sich neben das Mädchen. Er hob den Saum ihres Nachthemds an und entblößte zwei rote Male an ihrem unteren Rücken. Sie waren leicht erhaben und jeweils etwa so groß wie eine Münze.

Der Polizist betrachtete sie, dann sah er den Gerichtsmediziner an. Keiner der Männer war überrascht – sie kannten die Zeichen.

Der Polizist biß die Zähne zusammen. Er konnte den nächsten Schritt nicht mehr länger hinausschieben.

„Dreht sie um", sagte er.

Die Assistenten drehten den steifen Körper des Mädchens auf den Rücken. Blätter und Erde klebten an ihrem Gesicht. Getrocknetes Blut war wie braune Farbe aus ihrer Nase gelaufen. Der Polizist erkannte sie sofort, aber es fiel ihm schwer, ihren Namen auszusprechen.

„Karen Swenson", sagte er schließlich.

„Ist das eine eindeutige Identifizierung?" fragte einer der Assistenten.

„Sie ging mit meinem Sohn auf die High School", erwiderte der Polizist.

Ohne ein weiteres Wort richtete sich der Detective auf und ging zurück zu seinem Truck mit Vierrad-Antrieb.

„Die Klasse von '89, nicht wahr, Detective?" rief der Gerichtsmediziner ihm nach.

Der Detective antwortete nicht. Er ging schneller.

Er hielt auch nicht an, als der Gerichtsmediziner rief: „Es passiert also wieder . . .?"

Seine Worte waren keine Frage.

Sie waren eine Antwort.

2

Dana Scully sah hinunter auf den toten Körper. Es war die Leiche eines blassen jungen Mannes.

Sie zeigte keine Emotionen – genausogut hätte sie auf eine Aubergine hinabsehen können. Es gehörte einfach zu ihrer Arbeit.

Scully war jung und hübsch. Aber das war nicht der Grund, weshalb sie ihren Job hatte. Der Grund war ihr glasklarer Verstand – sie war klug, und sie war klug genug, keine Angst zu haben, das zu zeigen. Sie war genau die Art Mitarbeiterin, nach der das FBI gesucht hatte, als sie sich für diesen Job bewarb.

Ihre derzeitige Aufgabe in der Firma bestand darin, eine Klasse im Ausbildungszentrum zu unterrichten. Heute wollte sie anhand einer Leiche zeigen, wie man Tod durch Elektroschock feststellt. Sie sprach klar und deutlich – und schnell: die Fachbegriffe flogen durch den Raum wie Funken von einem Eisenbahnrad. Wenn die Schüler ihr nicht folgen konnten, war das ihre Sache. Wer zu langsam war, konnte kein guter FBI-Agent werden.

„Elektroschocks unterbrechen die Herztätigkeit und fast alle autonomen Systeme. Todesursache sind Gewebeverletzungen im Herzen selbst, in den Vorhöfen und Arterien. Jeder von uns hält Elektrizität aus. Aber ich überlebe möglicherweise einen Blitzschlag, während jemand anders draufgeht, wenn er bloß seinen Finger in eine Lampenfassung steckt. Genauso kann ein Elektroschockgerät, wie Viehtreiber es benutzen, tödlich sein. Bei einer Ermittlung suchen sie nach runden, rötlichen Malen . . .“

Scully schwieg, als ein Agent den Unterrichtsraum betrat. Sie runzelte die Stirn – sie mochte es nicht, wenn man ihren Unterricht störte. Doch sie vergaß ihren Ärger, als sie den Zettel las, den der Agent ihr gab.

Ihre Anwesenheit wird in Washington um Punkt 16.00 Uhr verlangt. Melden Sie sich bei Special Agent Jones.

Scully hatte vielleicht ihren eigenen Kopf, doch Befehl war Befehl. Das machte sie genau zu der Art Agent, die das FBI am meisten schätzt.

Punkt vier Uhr nachmittags stand Scully im Hauptquartier des FBI und zeigte ihre Marke am Empfang. „Ich habe ein Meeting mit . . .“

„Agent Scully“, sagte eine tiefe Stimme hinter ihr.

Sie drehte sich um und sah einen großen, beeindruckenden Mann. Er sah aus, als wäre er deutlich über 50. Auch wenn sie ihn noch nie zuvor gesehen hatte, spürte sie, wer er war.

„Jones“, sagte er. „Kommen Sie! Wir sind spät dran.“

Er führte sie durch einen langen, leeren Flur. Ihre Schritte auf dem kalten Marmorboden hallten. Scully hatte Mühe, mit ihm Schritt zu halten.

„Muß ich mir Sorgen machen?“ fragte sie.

„Sie haben ein Bewerbungsgespräch“, sagte Jones. „Mit sehr wichtigen Leuten.“

Jones schob sie durch eine große Doppeltür in einen Konferenzraum. Sechs Männer – alle um die sechzig – saßen an einem ovalen Tisch. Scully mußte ihre Titel nicht kennen, um ihre Macht zu spüren: Sie strahlten sie aus wie ein offener Eisschrank die Kälte.

Jones bot Scully einen Stuhl an und blieb hinter ihr stehen.

Der Mann, der zuerst sprach, sah aus, als wäre er der älteste. Aber die Jahre hatten seinen Blick nicht geschwächt. Scully spürte, wie er sie durchbohrte. Und seine Stimme zitterte nicht: Sie war hart und kalt wie Stahl.

„Agent Scully, schön, daß Sie kommen konnten", sagte der Mann. „Sie sind seit zwei Jahren beim Bureau?"

„Ja, Sir."

„Sie haben ein Vordiplom in Astronomie", fuhr der Mann fort. „Außerdem haben Sie einen Abschluß in Medizin. Aber Sie haben sich entschieden, nicht zu praktizieren. Statt dessen haben Sie einen Abschluß in Physik gemacht – bitte erklären Sie uns Ihr Studienverhalten."

„Nun, Sir, ich komme aus einer sehr buchlastigen Familie", sagte Scully. „Ich nehme an, die Wissenschaft war meine Art zu rebellieren."

Scully spürte, daß niemand den kleinen Scherz verstand. Kein Lächeln auf den Gesichtern.

Sie räusperte sich und sagte: „Nach dem Medizinstudium wollte ich in die Forschung beim National Space Institute. Ich dachte, Physik würde mir dort nützlich sein. Aber dann habe ich mich statt dessen entschieden, zum FBI zu gehen. Ich habe meinen Physikabschluß an der FBI-Akademie gemacht."

Die Männer am Tisch blätterten in dicken Akten. Scully wußte, daß ihr ganzes Leben dort schwarz auf weiß dokumentiert war. Einen langen Augenblick war nur Papierrascheln zu hören, und Scully spürte ein verdächtiges Ziehen im Magen.

Dann fragte ein zweiter Mann plötzlich: „Kennen Sie einen Agenten namens Fox Mulder?"

„Ja, das tue ich", sagte Scully. Der Name war ihr nicht unbekannt.

„Wie gut?" fragte der zweite Mann.

„Nur vom Hörensagen", entgegnete Scully. „Andere Agenten erzählen manchmal von ihm, und auf der Akademie habe ich seinen Spitznamen gehört. ‚Spooky' Mulder."

Jones unterbrach. „Ich kann Ihnen versichern, sein Ruf wird ihm nicht gerecht. Mulder ist ein ausgezeichneter Agent. Er hat in Harvard und Oxford Psychologie mit Auszeichnung studiert. Seine Arbeit über Serienmörder und Okkultismus hat uns geholfen, einen unserer schwierigsten Fälle zu lösen. Möglicherweise ist er der beste Analytiker des Bureaus . . ."

Weiter kam Jones nicht. Der erste Mann unterbrach ihn gnadenlos. „Unglücklicherweise hat Agent Mulder großes Interesse an einem . . . einigermaßen merkwürdigen Projekt entwickelt. Mehr als großes Interesse, muß man sagen. Er ist besessen. Sagen Ihnen die sogenannten X-Akten etwas?"

„Ein wenig, Sir", antwortete Scully. „Ich glaube, sie haben mit mysteriösen Ereignissen zu tun, mit unerklärbaren Phänomenen."

„Nichts als ein Haufen schwachsinniger Geistergeschichten", grummelte der zweite Mann.

Der erste Mann wies den Sprecher mit einem schnellen Blick zurecht. Dann wandte er sich wieder an Scully. „Agent Mulder besteht darauf, seine Zeit – und die des Bureaus – damit zu verbringen, die Fälle in diesen Akten zu untersuchen. Und er ignoriert unsere Vorschläge, auch andere Aufträge zu übernehmen."

Der erste Mann wartete, bis Scully diese Information verstanden hatte. Dann fuhr er fort: „Miss Scully, aufgrund Ihrer exzellenten Qualifikationen werden Sie Mulder bei seiner Untersuchung der X-Akten assistieren. Sie werden Berichte über die Ermittlungen schreiben. Sie werden uns Ihre ehrliche Meinung über den Nutzen dieser Ermittlungen mitteilen. Sie werden Ihre Berichte diesem Gremium – und nur diesem Gremium – vorlegen."

Scully ahnte, was das bedeutete. Es war zu offensichtlich. „Wenn ich Sie richtig verstehe, dann soll ich also die Wiedereröffnung der X-Akten verhindern, Sir?"

Angespannte Stille.

Der erste Sprecher sagte: „Agent Scully, wir vertrauen darauf, daß Sie profunde wissenschaftliche Analysen durchführen werden. Wenn Sie in Ihren Berichten Zweifel an der Stichhaltigkeit der Resultate anmelden, so sei es. Ich bin sicher, daß wir uns die Fähigkeiten von Agent Mulder auch an anderer Stelle zunutze machen könnten. Und Ihre selbstverständlich auch. Es kann Ihrer Karriere nur zugute kommen – wenn die X-Akten hinter Ihnen liegen."

Er klang endgültig. Keine weiteren Fragen.

Scully kannte die Spielregeln, und sie hielt sich daran: „Ja, Sir."

„Agent Jones wird Sie über alles weitere informieren", sagte der erste Mann.

„Wir sind gespannt auf Ihre Berichte", beendete der zweite Sprecher die Audienz. „Ihre *ausführlichen* Berichte. Fassen Sie sie klar und deutlich ab. Sie müssen, nein: Sie sollen kein Blatt vor den Mund nehmen."

Scully wartete, bis sie mit Jones zusammen draußen im Korridor stand. Dann fragte sie: „Wie ist Mulder wirklich?"

Jones schürzte die Lippen, schnalzte mit der Zunge. „Mulder? Klug. Sehr klug. Außerdem sehr unangepaßt. Oftmals schwierig. Kurz gesagt, sehr merkwürdig, was FBI-Standards angeht." Er machte eine Pause, dann fügte er hinzu: „Er wird ziemlich schnell herausfinden, was Sie vorhaben."

Scully sah ihn gelassen an. „Ich habe überhaupt nichts vor, Sir. Ich befolge bloß meine Anweisungen."

3

Scully erwartete nur eines, bevor sie Fox Mulder kennenlernte. Sie erwartete das Unerwartete.

Und sie wurde nicht enttäuscht.

Mulders Büro befand sich im Keller des FBI-Hauptquartiers. Kein Schild an der Tür. Hätte Jones sie nicht begleitet, Scully hätte das Zimmer nie gefunden.

Jones klopfte, wartete aber nicht auf eine Antwort, bevor er die Tür öffnete. Scully trat hinter ihm in den Raum.

Er hatte nichts mit irgendeinem anderen FBI-Büro gemein, das sie je gesehen hatte. Vom Boden bis zur Decke Bücher. Auf mehreren Tischen türmten sich alte Zeitungen, Zettel und Berichte, die meisten Stapel flossen und flatterten zu Boden; dazu gab es haufenweise Fotos mit unscharfen Motiven. Scully entdeckte ein Poster an der Wand, auf dem stand: *ICH MÖCHTE GLAUBEN.*

Mulder stand an einem Tisch, als sie hereinkamen, und betrachtete ein Dia, das er gegen das Licht hielt. Zögernd sah er auf und begrüßte seine Besucher.

Scully fixierte ihn. Es war schwer, ihn auf einen Blick zu erfassen – als wolle man zwei Puzzleteile zusammenstekken, die nicht zueinander passen.

Er hatte ein junges Gesicht, fast zu jungenhaft für einen FBI-Agenten. Sein Haar war viel länger, als es dem Bureau gefiel. Er hätte problemlos einen Job als VJ auf MTV bekommen können.

Wären da nicht seine Augen gewesen.

In seinem Blick lag etwas Altes und Gejagtes. Etwas Wissendes. Etwas Weises.

Mulder grinste schief. „Sorry“, sagte er, „hier gibt's nichts außer *FBI's most unwanted.*“

Jones entgegnete geradewegs: „Mulder, ich darf Ihnen Ihre neue Assistentin vorstellen. Special Agent Dana Scully, Fox Mulder.“

„Eine Assistentin? Nett zu wissen, daß ich plötzlich so hoch geschätzt werde.“ Mulder sah Scully an. „Wem sind Sie denn auf den Schlips getreten, um bei mir zu landen, Scully?“

Scully blieb ruhig. Sie ahnte schon jetzt, daß sie für Mulder alle Ruhe brauchen würde, die sie besaß – und mehr.

„Ehrlich gesagt freue ich mich darauf, mit Ihnen zusammenzuarbeiten.“

„Wirklich?“ fragte Mulder. Er sah ihr in die Augen. „Ich habe eher den Eindruck, daß sie mich ausspionieren sollen.“

Scullys höfliches Lächeln wurde zur Maske. „Wenn Sie an meiner Qualifikation zweifeln, lasse ich Ihnen gern meinen Lebenslauf zukommen“, sagte sie.

Mulder antwortete nicht. Statt dessen wühlte er in einem Stapel Papier. Schließlich zog er einen dicken Packen heraus.

„Einsteins Doppelspalttheorie – Eine neue Interpretation“, las er vor. „Dana Scullys Diplomarbeit. Es ist Qualifikation genug, sich mit Einstein zu messen.“

„Haben Sie sich die Mühe gemacht, es zu lesen?“ fragte Scully. Sie konnte den eisigen Ton nicht aus ihrer Stimme verbannen.

„Oh ja“, sagte Mulder. „Hat mir gut gefallen. Das Problem ist, daß beim Großteil meiner Arbeit die physikalischen Gesetze keine große Rolle zu spielen scheinen.“

„Sie sollten auch wissen, daß Agent Scully einen Doktor in Medizin hat“, warf Jones ein. „Sie unterrichtet an der Akademie.“

„Ja, ich weiß“, sagte Mulder. „Vielleicht können wir Ihre Meinung zu dem hier hören.“

Mulder machte das Licht aus. Er schaltete einen Projektor an und schob das Dia hinein, das er gerade betrachtet hatte.

Scully sah die Leiche einer jungen Frau, die mit dem Gesicht nach unten auf einer Waldlichtung lag.

„Weiblich, Oregon, einundzwanzig Jahre alt. Keine erkennbare Todesursache. Null.“

Er zeigte ein zweites Dia. „Zwei erhabene Male wurden jedoch an ihrem unteren Rücken gefunden. Können Sie die einordnen, Dr. Scully?“

Scully trat näher an die Leinwand heran und betrachtete die beiden Male.

„Vielleicht Nadelstiche“, sagte sie. „Vielleicht eine Bißwunde. Oder ein Stromschlag.“

„Wie steht's bei Ihnen in Sachen Chemie?“ fragte Mulder. „Diese Substanz wurde im umgebenden Gewebe gefunden.“

Das ist ja schlimmer als eine mündliche Prüfung, dachte Scully, während sie das nächste Dia betrachtete. So etwas war ihr seit dem ersten Jahr auf dem College nicht mehr passiert.

Sie biß sich auf die Lippen, dann sagte sie: „Es ist anorganisch. Aber ich habe so etwas noch nie gesehen. Ist das irgendein synthetisches Protein?“

Mulder zuckte mit den Achseln. „Keine Ahnung. Ich hab's auch noch nie gesehen. Aber schauen Sie sich das hier an – aus Sturgis, Süd-Dakota."

Wieder ein neues Dia. Diesmal war die Leiche ein dicker männlicher Biker. Aber die Male waren dieselben.

Und noch ein Dia. Ein Mann lag mit dem Gesicht nach unten im Schnee – wieder die Male an derselben Stelle. „Shamrock, Texas", sagte Mulder.

„Haben Sie eine Theorie?" fragte Scully.

„Ich? Ich habe einen ganzen Haufen Theorien", ereiferte sich Mulder. „Aber vielleicht haben Sie auch eine Theorie. Eine Theorie, warum das Bureau mir nicht zuhört. Warum das Bureau diese Fälle als unerklärbare Phänomene einstuft. Warum das Bureau glaubt, wir sollten sie ablegen und vergessen."

Abrupt beendete Mulder seine Tirade und stellte Scully die Frage des Tages. „Glauben Sie an Außerirdische?"

Scully versuchte Zeit zu gewinnen, um eine gute Antwort zu finden. „Ich habe noch nie richtig darüber nachgedacht", sagte sie schließlich.

„Als Wissenschaftlerin", drängte Mulder sie.

„Logisch betrachtet, muß ich nein sagen", sagte Scully zögernd und dachte, ich muß mit diesem Mann zusammenarbeiten; es ist unnötig, ihn gleich von Anfang an zu verärgern. „Die Entfernungen im All sind einfach zu groß. Allein die benötigte Energie würde einem Raumschiff . . ."

„Ersparen Sie mir Ihr Lehrbuch-Wissen", unterbrach Mulder sie. „Dieses Mädchen in Oregon. Sie ist das vierte Mitglied ihrer Abschlußklasse, das auf mysteriöse Weise zu Tode kam. Die Wissenschaft, wie wir sie kennen, hat keine

Antwort darauf. Müssen wir da nicht weitergehen? Müssen wir nicht über das nachdenken, was Sie vielleicht *phantastisch* nennen würden?“

Scully hatte versucht, friedlich zu bleiben. Aber den Mund zu halten war einfach nicht ihr Stil. Auszusprechen, was sie dachte – das war ihr Stil.

„Wenn wir nicht wissen, warum das Mädchen gestorben ist“, sagte sie kühl, „dann deswegen, weil bei der Autopsie etwas übersehen wurde. Offensichtlich eine schlampige Untersuchung. Es gibt nur eins, was ich als *phantastisch* akzeptiere. Die Feststellung, daß es Antworten gibt, die über unsere Wissenschaft hinausgehen. Die Antworten sind da. Man muß bloß wissen, wo.“

Ein strahlendes Lächeln erhellte Mulders Gesicht.

„Freut mich, daß Sie so denken, Agent Scully“, sagte er. „Ich bin sicher, Agent Jones stimmt Ihnen zu. Genau wie alle anderen, die hier etwas zu sagen haben. Hey, dafür steht immerhin das ‚I‘ in FBI – *Investigationen* sind unser Job. Und am besten fangen wir gleich mit unseren Ermittlungen an.“

Mulder schaltete den Projektor aus und das Licht ein.

„Wir sehen uns morgen früh in alter Frische, Scully“, sagte er fröhlich. „Punkt acht geht’s nach Oregon.“

4

Am nächsten Morgen befand sich Scully in einer Boeing 747 Richtung Oregon. Sie saß in der mittleren Reihe am Gang. Neben ihr lag Mulder ausgestreckt über vier Plätze und schlief. Scully hatte ihren Walkman aufgesetzt, sie hörte Folk-Rock. Auf ihrem Schoß lag eine dicke Akte. Aber sie konnte sich weder auf das eine noch auf das andere konzentrieren. Sie kannte die Songs auswendig, und die Akte hatte sie auch schon gelesen. Sie enthielt die Berichte zu den merkwürdigen Todesfällen von vier Mitgliedern der Abschlußklasse von '89 der Bellefleur High School. Sie würde sich später wieder damit beschäftigen – jetzt dachte sie an die letzte Nacht und an ihren Freund Ethan Minette.

Ethan hatte es nichts ausgemacht, als sie ihre Verabredung fürs Wochenende abgesagt hatte. Sie hatte gewußt, daß er es akzeptieren würde – sie brauchte ihm bloß zu sagen, daß sie einen Job zu erledigen hatte. Er würde es genauso machen. Und hatte es auch schon, viele Male. Für beide stand die Arbeit an erster Stelle – besonders für Ethan.

Und er hatte gesagt, daß er von Mulder gehört hatte. Vor einem Jahr hatte „Spooky" Mulder einen Kongreßabgeordneten aus Iowa überredet, UFO-Forschungen zu finanzieren. Mittlerweile lachte ganz Washington, D. C., darüber. Ethan wußte über solche Sachen Bescheid: Sein Job bestand darin, Kongreßabgeordnete auf (manchmal nicht so) freundliche

Weise dazu zu bringen, so zu stimmen, wie seine Bosse es wollten. Die Arbeit war gut bezahlt, und Ethan arbeitete Tag und Nacht. Er ging mit Scully aus, wenn er nichts anderes zu tun hatte – falls sie es in ihren Terminplan integrieren konnte. Sie waren ein Freizeit-Liebespaar. Immerhin, dachte Scully, war das besser als nichts.

Es fiel ihr leicht, nicht mehr an Ethan zu denken. Aus den Augen, aus dem Sinn. Das galt jedoch nicht für das letzte Gespräch mit Jones.

Nachdem sie Mulders Büro verlassen hatte, hatte Scully gefragt: „Warum brauchen die Mulder so dringend?“

„Sie haben ihre Gründe“, wich Jones aus.

„Und warum haben die mich ausgewählt?“ fragte Scully.

„Genaugenommen habe *ich* Sie vorgeschlagen . . .“

„Und warum?“

„Weil ich wußte, daß Sie . . . fair sein würden“, sagte Jones.

Mehr nicht. Aber sein Blick hatte Bände gesprochen. Er hatte verraten, daß er sich darauf verließ, daß Scully dem Bureau gegenüber ehrlich war. Er hatte aber auch verraten, daß Jones mehr von Mulders Arbeit hielt als die alten Männer oben im Haus.

Scully warf einen Blick zur Seite auf Mulder. Im Schlaf sah er unschuldig und wehrlos aus wie ein Baby. War er ein belastetes Genie oder ein lästiger Irrer? Sie mußte abwarten, zusehen, sie würde es erfahren.

Plötzlich leuchteten die Anschnall-Zeichen auf.

Die Stimme des Piloten ertönte aus den Lautsprechern. „Ich möchte alle Passagiere bitten, die Sicherheitsgurte anzulegen, da wir mit dem Landeanflug auf . . .“

Weiter kam er nicht. Seine Stimme erstarb, ein Zucken erschütterte das Flugzeug. Als wäre es von einer riesigen Faust geboxt worden. Die Gepäckfächer klappten auf. Das Licht erlosch. Das Turbinengeräusch erstarb. Rufe und Schreie der Passagiere erfüllten die dunkle Kabine, während das Flugzeug vornüberkippte.

Keine Panik, wies Scully sich an. Sie sah nach unten, sah, daß ihre Hände die Armlehnen umklammert hielten.

Plötzlich ging das Licht wieder an. Die Turbinen nahmen ihre Arbeit auf. Scully sah, wie Mulder die Augen aufschlug und fröhlich grinste.

„Bald sind wir da", sagte er.

Mulder grinste wieder, als er Scully die Mietwagenschlüssel reichte.

„Wenn Ihnen der Flug nicht gefallen hat", scherzte er, „wird Ihnen auch nicht gefallen, wie ich fahre."

Scully widersprach nicht, sondern klemmte sich hinter das Steuer und ließ den Motor an. Sie fuhren über den Parkplatz des Flughafens, hinaus auf den asphaltschwarzen Highway.

Neben ihr setzte Mulder eine große Wraparound-Sonnenbrille auf. Er schaltet das Radio ein und spielte am Sendersuchlauf herum. Als er eine Station gefunden hatte, die er mochte, faltete er eine weiße Papiertüte auf und hielt sie ihr hin.

„Sonnenblumenkerne?"

„Nein", sagte Scully. „Nie, wenn ich fahre."

„Sie sind mörderisch gut." Mulder grinste. „'tschuldigung."

„Ich hab' die Akten gelesen", sagte Scully und sah weiter geradeaus. „Sie haben nicht gesagt, daß das FBI diesen Fall bereits untersucht hat."

„Das FBI hat einen Blick auf die ersten drei Todesfälle geworfen", gab Mulder zu. „Sie haben die Ermittlungen eingestellt. Aus Mangel an Beweisen, haben sie gesagt."

Scully konnte seine Augen hinter der Brille nicht sehen. Aber sie nahm an, daß er die Brauen zusammengezogen hatte.

„Offensichtlich gehen Sie davon aus, daß es einen Zusammenhang zwischen dem Tod des Mädchens und den Todesfällen ihrer drei Klassenkameraden gibt", sagte Scully.

„Das ist eine durchaus begründete Vermutung", erwiderte Mulder. „Es gibt nur einen Unterschied. Lediglich der Körper des Mädchens weist sowohl diese merkwürdigen Male als auch die nicht identifizierbare Substanz auf."

Scully nickte. Sie dachte an die Akten, die sie im Flugzeug durchgesehen hatte. „Das Mädchen war auch die einzige der Gruppe, die von einem anderen Arzt untersucht wurde."

Mulder strahlte. „Verdammt gut, Scully. Besser, als ich dachte."

„Oder bloß besser, als Sie gehofft haben?" fragte Scully.

„Die Grenzen der Wissenschaft sorgen oft für begrenzte Wissenschaftler" entgegnete Mulder.

„Ich hoffe, diese Worte schmecken genauso gut wie Ihre Sonnenblumenkerne."

Doch Mulder hörte nicht zu. Er beugte sich über das Radio.

Elvis sang nicht mehr. Statt dessen kam ein lautes, tiefes Brummen aus dem Radio. Es war ohrenbetäubend. Allumfassend. Scully hatte so etwas noch nie gehört.

„Halten Sie an!“ rief Mulder. „Halten Sie an!“

Scully trat auf die Bremse. Der Wagen kam so abrupt zum Stehen, daß der Kofferraum aufsprang.

Augenblicklich hechtete Mulder heraus. Er lief nach hinten und schnappte sich etwas aus dem Kofferraum. Scully sah ihm verblüfft hinterher.

Mulder hielt eine Dose Sprühfarbe in der Hand.

Leuchtorangene Sprühfarbe.

Er ging etwa vier Meter den Highway zurück. Dann sprayte er ein großes orangenes X auf den Asphalt.

„Was zum Teufel war das denn?“ fragte Scully, als Mulder wieder im Wagen saß.

„Vielleicht nichts“, entgegnete Mulder mit einem Achselzucken. Dann sah er Scully an und fügte hinzu: „Andererseits, man kann nie wissen, oder?“

Scully nickte zögernd.

Mit Sicherheit wußte sie jedenfalls nicht, was hier los war. Sie hatte keine Ahnung, was sich in Mulders Kopf abspielte. Und sie wußte nicht, was sie am Ende dieses Weges erwartete.

5

WILLKOMMEN IN BELLEFLEUR – DER FREUNDLICHEN STADT stand in großen Lettern auf dem Straßenschild – doch die Einwohner schienen nichts davon mitbekommen zu haben.

Die Menschen vor dem Rathaus sahen aus, als wollten sie gleich mit Steinen werfen.

„Das habe ich befürchtet“, seufzte Mulder.

„Was ist hier los?“ fragte Scully.

„Ich habe dem Gerichtsmediziner gefaxt“, sagte Mulder, „und ihm mitgeteilt, daß wir kommen.“

„Na, und?“ fragte Scully. „Haben die hier in der Gegend was gegen das Bureau?“

„Ich habe auch angekündigt, daß wir die anderen Toten untersuchen wollen“, erklärte Mulder.

Mehr mußte er nicht sagen. Die Menschenmenge, die sie erwartete, sprach für sich.

„Sind Sie vom FBI?“ rief ein Mann, als Scully und Mulder aus dem Mietwagen stiegen. „Lassen Sie uns bloß in Ruhe!“

„Wer gibt Ihnen das Recht?“ kreischte eine Frau, so laut sie konnte. „Das sind unsere Söhne und Töchter!“

„Diese Leute haben genug gelitten“, sagte ein Priester.

Ein gut angezogener Mann schrie empört: „Ein Mann ist dafür verurteilt worden! Er sitzt seine Strafe ab! Nichts in den Gräbern ist den Schmerz wert!“

Nichts davon konnte das ruhige Grinsen aus Mulders Gesicht vertreiben. Scully hatte dies Lächeln langsam satt. Es war das Lächeln eines Menschen, der mehr wußte als man selbst. Ein Lächeln, das geradezu nach Ärger schrie.

Und als ein Cop ihnen den Weg versperrte, lächelte Mulder noch immer.

„Agent Mulder“, schnarrte er. „Das ist für Sie. Die Bürger von Bellefleur haben eine gerichtliche Verfügung gegen Ihr Vorhaben erwirkt.“

Mulder nahm das Papier entgegen, überflog es und zuckte mit den Achseln.

„Warten Sie hier, ich gehe rein zum Gerichtsmediziner“, wies er Scully an.

„Na, vielen Dank“, rief sie ihm hinterher, während er das Gebäude betrat. Sie durfte bleiben und den Menschen zuhören. So mußte sich ein Schiedsrichter fühlen, wenn die Heimmannschaft verlor.

Mulders Begegnung mit dem Gerichtsmediziner war nicht besser. Vielleicht etwas leiser. Aber nicht freundlicher.

„Mr. Truit?“ fragte Mulder.

„Ja, Sir. Das bin ich“, sagte der Gerichtsmediziner. Seine Stimme war kalt, die Augen blickten eisig. Seine beiden Assistenten betrachteten Mulder ebenso kühl.

„Ich bin Special Agent Mulder, FBI. Wir haben miteinander telefoniert. Wann können wir mit der Arbeit anfangen?“

„Nun, wegen dieser Verfügungen gibt es nicht viel, was wir jetzt tun können“, sagte Truit. Er sah aus wie eine Katze, die eine ganze Kanarienfamilie gefressen hatte.

„Schon verstanden“, grinste Mulder ohne Humor. „Aber ich brauche ein Autopsielabor. Und jemanden für die Laborarbeit.“

„Vielleicht sollte ich mich klarer ausdrücken", sagte Truit. „Wir sind vielleicht nur ein beschissenes kleines Dorf. Aber wir halten uns an das Gesetz. Ich wünsche mir wirklich, ich könnte Ihnen helfen. Bloß wie?"

„Das ist gut", sagte Mulder. „Sie können mir helfen. Wir sind an drei Fällen interessiert. Aber es gibt nur zwei gerichtliche Verfügungen. Da fehlt doch jemand, nicht?"

Truit schwieg.

„Ich bin vom FBI", erinnerte ihn Mulder. „Ich vertrete auch das Gesetz."

„Das wäre Ray Soames . . ."

„Warum war seine Familie nicht bei Gericht, um uns daran zu hindern, ihn zu exhumieren?" fragte Mulder.

„Weil Ray Soames' Familie vor drei Jahren verschwunden ist", sagte Truit.

„Verschwunden? Einfach so?" bohrte Mulder weiter.

Doch mehr würde er nicht aus Truit herauskriegen. Der Gerichtsmediziner preßte die Lippen fest aufeinander und schwieg. Das störte Mulder weniger – er hatte, was er brauchte, um mit der Arbeit zu beginnen. Einen Namen. Ray Soames. Fröhlich verabschiedete er sich und ignorierte das verbissene Schweigen Truits und seiner Assistenten.

„Ärger?" fragte Mulder, als er sich wieder zu Scully gesellte.

„Ärger? Nein. Bloß Bekanntschaft mit der Gastfreundschaft dieser Leute gemacht – ziemlich laute Angelegenheit übrigens", sagte Scully. „Reiten Sie immer in die Stadt wie der Prinz der Dunkelheit?"

„Haben Sie was gegen meinen Stil?" fragte Mulder milde, während er zum Wagen ging.

„Wir sind gekommen, um einen möglichen Mord zu untersuchen“, entgegnete Scully scharf. „Wie können wir nun hoffen, daß die Leute hier mit uns kooperieren?“

Das irritierende Lächeln war auf Mulders Gesicht zurückgekehrt. „Was haben Sie erwartet, Scully?“ fragte er. „Fanfaren, eine Parade? Dem FBI ist es mit seinen Lehrbuch-Methoden nicht gelungen, etwas herauszufinden. Wenn Ihnen meine Methoden nicht gefallen, können Sie jederzeit zurückfliegen und mich in Ihrem Bericht niedermachen. Sind Sie nicht ohnehin dafür hier?“

„Ich bin hier, um Ihnen bei der Arbeit zu helfen“, versetzte Scully wütend. Sie war auf einmal in der Defensive.

„Ach wirklich?“ fragte Mulder und zog die Augenbrauen hoch. „Wirklich, ganz ehrlich?“

Scully mußte nicht mehr parieren – in diesem Moment stürmte ein großer Mann mit einem rotleuchtenden Gesicht auf sie zu.

„Was glaubt Ihr Leute eigentlich, womit Ihr es hier zu tun habt?“ wütete er.

„Das kommt ganz darauf an“, sagte Mulder. „Wer sind Sie?“

„Dr. Jay Nemman“, verkündete der Mann.

„Der Bezirksgerichtsmediziner“, sagte Mulder. Scully mußte zugeben, Mulder hatte seine Hausaufgaben gemacht.

„Das stimmt“, bellte der Doktor. „Wollen Sie behaupten, daß ich etwas bei den Autopsien dieser Kinder übersehen hätte?“

„Nein, Sir“, versicherte Mulder. „Wir führen eine vollständig eigene Ermittlung durch. Wir wollen niemandem auf die Zehen treten.“

„Natürlich“, sagte Nemman mißtrauisch. „Vergessen Sie aber nicht, daß *ich* es bin, der alle von Ihnen gewünschten Untersuchungen an diesen Körpern durchführen wird. Das hier ist mein Land.“

„Wieso haben Sie dann die letzte nicht gemacht, die an Karen Swenson?“ fragte Mulder.

„Ich war im Urlaub und . . .“ begann Nemman.

„Tut mir leid“, sagte Mulder schlicht. „Dies ist jetzt eine Bundesangelegenheit. Dr. Scully wird sämtliche *post mortem*-Untersuchungen leiten.“

„Hören Sie“, schnaubte der Doktor. „Wenn Sie wollen, daß diese Eltern ihre schlimmsten Alpträume . . .“

Er stieß Mulder gegen den Mietwagen und hob seine beachtliche Faust.

Scully wußte nicht, ob Mulder gut in Karate war. Sie war es. Und sie war bereit, zuzuschlagen . . .

„Daddy, laß es gut sein!“ rief jemand plötzlich. „Bitte! Laß uns nach Hause fahren!“

Die Stimme kam aus einem Wagen, der etwas weiter die Straße herunter stand. Die junge Frau auf dem Fahrersitz hatte ein blasses Gesicht und wildes Haar, ihre Augen lagen im Schatten. Dieselbe dunkle Angst, die an ihrer Stimme zerrte, spiegelte sich in ihren gequälten Zügen.

Dr. Nemman starrte Mulder finster an. Aber er ging rückwärts zurück zu seinem Wagen. Er stieg ein. Die Reifen quietschten, als der Wagen davonbrauste.

„Netter Kerl“, sagte Mulder. „Schön braun. Hübsche Tochter.“

Er öffnete die Wagentür des Mietwagens. „Kommen Sie mit zum Friedhof, Scully?“

„Yeah“, sagte Scully. „Ich möchte dafür sorgen, daß wir nicht unsere eigenen Gräber schaufeln.“

6

Truit war nicht besonders scharf darauf, Ray Soames' Grab zu öffnen. Mulder mußte das ganze Gewicht des FBI einsetzen, damit der Gerichtsmediziner die Anweisung gab.

Truit und seine Assistenten standen mit ein paar Cops herum, während der Totengräber an die Arbeit ging. Der Mann schwitzte, während er grub. Die Sonne von Oregon war gnadenlos. Sie verwandelte den Bellefleur Hillside Friedhof in ein Dampfbad.

Mulder jedoch blieb cool wie immer. Er aß Sonnenblumenkerne und sah zu, wie der schwarze Dreck flog. Er sieht aus wie eine wiederkäuende Kuh, dachte Scully, während sie spürte, wie ihre Bluse unter den Armen feucht wurde.

„Das ist Zeitverschwendung – und Arbeitsverschwendung“, sagte sie. „Was ist mit diesem Danny Doty, von dem wir gehört haben? Er ist für einen dieser Morde verurteilt worden. Er kann sie auch alle begangen haben.“

„Danny Doty hat sich selbst gestellt“, konterte Mulder. „Er hat behauptet, alle drei umgebracht zu haben. Das Problem ist, daß die Cops ihn nur mit einem in Verbindung bringen konnten. Und selbst das nicht besonders gut. Ein kleines Indiz, viele Vermutungen. Ohne sein Geständnis wäre er immer noch frei. Aber alle waren so wild darauf, den Killer zu finden, daß sein Wort als bare Münze galt. Die Polizei geht davon aus, daß Danny auch die anderen auf dem Gewissen hat – dann ist die ganze Sache nämlich erledigt.“

„Das finden Sie!" protestierte Scully. „Aber warum sollte er einen Mord gestehen, den er nicht begangen hat?"

„Das passiert andauernd. Manche Typen erzählen einfach gern, sie wären Killer", sagte Mulder. Er zerbiß einen Sonnenblumenkern und spuckte die Schale aus. „Wie auch immer, Danny sitzt sechzig Meilen nördlich von hier im Knast. Wir können ihn einfach fragen."

„Und was für eine Antwort bekommen?" Scully zog eine Grimasse. „Noch mehr Zeug, das Sie nicht glauben? Vielleicht gesteht er auch den vierten Mord. Vielleicht sagt er, er wäre zwischen den Stäben durchgekrochen."

„Unterschätzen Sie nie, was ein Mann sagt, der lebenslänglich hat", sagte Mulder.

Scully beobachtete, wie der Sarg aus dem Grab gehievt wurde. „Bestimmt mehr als der hier", sagte sie grimmig.

Das Grab wollte den Sarg nicht hergeben. Wurzeln hatten sich um das Holz geschlungen. Der Zugriemen des kleinen Krans war zum Zerreißen gespannt. Scully hielt den Atem an, als der Sarg ans Licht kam. Und sie erstarrte wie alle anderen auch, als der Riemen riß.

Der Sarg krachte auf den Boden. Er rutschte bergab, bis ein bemooster Grabstein ihn bremste.

Mulder war mit wenigen Schritten zur Stelle, Scully hielt sich dicht hinter ihm. Der Gerichtsmediziner und seine Assistenten folgten.

Der Deckel war aufgesprungen, und Mulder griff danach, um ihn ganz beiseite zu klappen.

Scully beugte sich vor, um besser sehen zu können. Sie war ein Profi, und das hier gehörte zu ihrem Job – wer Magenprobleme hatte, sollte sich eine andere Arbeit suchen.

„Augenblick!“ befahl Truit. „Das hier ist nicht das offizielle Vorgehen.“

„Aha. Gut. Ich les’ es heute abend in den Dienstvorschriften nach“, sagte Mulder.

Langsam und vorsichtig öffnete er den Sarg.

Scully schaute ihm über die Schulter.

„Uggh.“ Sie konnte nichts gegen das Geräusch unternehmen. Sie konnte nichts dagegen tun, daß plötzlich kalter Schweiß auf ihrer Haut stand.

Mulders Gesichtsausdruck machte es nicht besser.

Er war absolut begeistert, als hätte er den Himmel auf Erden entdeckt.

„Ray Soames war bestimmt kein guter Basketballer“, sagte er.

Die Gestalt in dem Sarg lag auf weißer Seide.

Sie war so groß wie ein kleines Kind. Der große Kopf hatte die Form eines Football. Die Haut sah aus wie runzeliges braunes Leder.

„Ist es – menschlich?“ keuchte Scully. Sie war sich nicht sicher, ob sie es überhaupt herausfinden wollte.

„Ich habe noch nie . . .“, begann der Gerichtsmediziner, bevor er bemerkte, daß er nichts zu sagen hatte.

„Machen Sie wieder zu!“ befahl Mulder. „Niemand darf das sehen oder berühren! Niemand!“

Aber Scully wußte, daß es nicht das war, was Mulder meinte.

Was Mulder meinte, war, daß niemand außer ihm selbst das Vergnügen haben würde, dieses Ding zu untersuchen.

Doch dabei brauchte er Scullys Hilfe.

Der Gerichtsmediziner war überglücklich, ihnen einen eigenen Laborraum zuzuteilen.

Er hatte auch nichts dagegen einzuwenden, daß Mulder alle außer Scully aus dem Raum schickte.

„Es ist Ihr Baby – viel Spaß damit“, sagte Truit, bevor ihm Mulder die Tür vor der Nase zumachte. Mulder schloß von innen ab.

„Wollen doch mal sehen, was sie Ihnen auf der medizinischen Fakultät beigebracht haben“, sagte er zu Scully.

„Machen Sie sich keine Sorgen“, entgegnete Scully, „Ich hab' schon mehrere Leichen untersucht.“

„Ach wirklich?“ stichelte Mulder. „Auch solche?“

„Eine Leiche ist eine Leiche.“

„Das werden Sie erst noch rausfinden müssen, nicht wahr?“ sagte Mulder.

„Das werde ich auch“, sagte Scully kurz angebunden. „Ich muß bloß noch den Recorder aufstellen. Ich möchte meine Beobachtungen aufnehmen.“

„Für die Ewigkeit?“ Noch eine Spitze. „Oder für Ihren Bericht an die Ordensträger?“

„Sagen wir mal, für beide.“ Scully ließ sich nicht verunsichern. „Und vielleicht sogar für Sie, Partner.“

„Okay“, sagte Mulder. „Sie sezieren und reden. Ich mache Fotos.“

Er holte eine kleine Polaroid-Kamara hervor. Er ging um die Leiche herum, knipste sie aus allen Winkeln, während Scully sich an die Arbeit machte.

„Objekt ist hundertsechsundfünfzig Zentimeter lang“, murmelte sie ins Mikro. „Wiegt zweiundfünfzig Pfund. Fortgeschrittenes Stadium der Verwesung. Es hat große Augenhöhlen, einen ungewöhnlich breiten Schädel. Das deutet darauf hin, daß die Leiche nicht menschlich ist."

„Aber Special Agent Scully, was soll sie denn sonst sein?" unterbrach Mulder sarkastisch.

Scully blieb ruhig. „Irgendein Säugetier. Ich vermute, eine Affenart. Vielleicht ein Schimpanse."

„Na, erzählen Sie das mal den Leuten hier im Ort. Oder Soames' Familie", sagte Mulder. Seine Augen funkelten vergnügt.

„Ich möchte Gewebeproben und Röntgenaufnahmen", fügte er hinzu. „Blutgruppe. Und eine vollständige genetische Analyse."

„Meinen Sie das ernst?" fragte Scully. Sie wußte, daß das eine dumme Frage war.

„Was wir hier nicht selber machen können, schicken wir weiter", sagte Mulder.

Scully konnte es nicht länger ertragen. „Sie glauben tatsächlich, daß das hier ein Alien ist? Hören Sie, ich garantiere Ihnen, daß sich hier irgendwo irgend jemand totlacht. Jemand, der Ray Soames' Körper mit diesem Bonzo vertauscht hat. Wir verschwenden unsere Zeit."

Sie verschwendete ihren Atem.

„Können wir jetzt die Röntgenaufnahmen machen?" fragte Mulder.

Scullys Stimme wurde lauter. Sie würde ihn dazu bringen, ihr zuzuhören, auch wenn sie darüber heiser werden sollte.

„Bei Ihnen ist eine Schraube locker, Mulder", sagte sie. „Wer auch immer das Mädchen umgebracht hat, läuft noch frei rum. Er kann wieder zuschlagen. Jederzeit."

„Da haben Sie recht." Mulders Stimme troff vor Ironie. „Und wir sollten ihn jetzt sofort aufhalten." Er sah auf die Uhr. „Es ist erst kurz nach zehn. Okay, wir können uns die Laserkanonen umschnallen, dann gehen wir los und suchen nach einem Killer, den das FBI vor Jahren vergessen hat. Den auch alle anderen vergessen haben . . . Wie heldenhaft! Und wie blödsinnig! Scully, sehen Sie denn nicht, daß wir besser hierbleiben sollten? Wir haben die einmalige Chance, eine korrekte wissenschaftliche Untersuchung durchzuführen und der Wahrheit ein Stück näherzukommen, wer oder was dieses Ding hier sein könnte."

Er schwieg. Sein Blick bat Scully inständig, ihm zuzuhören.

„Hören Sie, Scully, ich bin nicht verrückt", sagte er. „Ich habe dieselben Fragen wie Sie. Warum helfen Sie mir nicht einfach, sie zu beantworten?"

7

Als der nächste Morgen dämmerte, kehrte Scully in ihr Motel-Zimmer zurück. Doch ihre Arbeit war immer noch nicht beendet. Röntgenaufnahmen des merkwürdigen Wesens klebten am Lampenschirm. Sie betrachtete sie noch einmal. Dann klappte sie ihren Laptop auf, drückte den PLAY-Knopf am Recorder und begann, ihren Bericht zu tippen.

„Röntgenaufnahmen bestätigen, daß die Kreatur ein Säugetier ist. Sie erklären jedoch nicht ein kleines Implantat im Nasenbereich. Das Objekt ist grau und metallisch. Es ist vier Millimeter lang. Ich weiß noch nicht, was es ist."

Scully hörte auf zu tippen. Sie schaltete den Recorder aus und stand auf, um das Objekt, das sie in der Leiche gefunden hatten, noch einmal anzuschauen.

Der kleine Metallzylinder lag jetzt in einem Glasröhrchen. Scully starrte ihn an. Sie hatte immer noch nicht die geringste Ahnung, was das sein sollte. Vielleicht wußte Mulder mehr, auch wenn er es ihr nicht sagte. Aber sie würde ihn nicht fragen ... Sie wollte im Moment nichts mehr von seinen Ideen hören. Vielleicht, weil sie immer überzeugender klangen. Wenn sie nicht aufpaßte, würde sie bald genauso verrückt werden wie er.

Es klopfte an der Tür.

Mulder.

Er trug ausgebleichte violette Sport-Shorts und ein weißes T-Shirt mit einem kleinen Loch an der Schulter. Er hatte ein Baseball-Käppi mit der Aufschrift *Brooklyn Dodgers* verkehrt herum auf. Ein sonniges Lächeln lag auf seinem Gesicht.

„Ich bin zu aufgekratzt, um zu schlafen“, sagte er. „Ich geh’ jetzt joggen. Wollen Sie mitkommen?“

„Ich passe“, entgegnete Scully.

„Haben Sie schon rausgekriegt, was für ein Ding unser Freund da in der Nase hatte?“ fragte Mulder provozierend.

„Nein“, schnappte Scully. „Aber das bringt mich nicht um den Schlaf.“

Mulder zuckte mit den Achseln und gab Scully einen Zettel. „Das hat mir der Typ an der Rezeption für Sie gegeben.“

Scully sah ihn davonjoggen. Er bewegte sich elegant, beinah schwebend. Die Luft war noch kühl, aber sie konnte schon spüren, wie die Hitze herankroch. Der Himmel wechselte gerade von blasser Dämmerung zu tiefem Blau: Es würde ein weiterer Höllentag werden.

Scully schloß die Tür und betrachtete den Zettel. Ethan hatte angerufen und bat um Rückruf.

Scully tippte Ethans Privatnummer in Washington. Ein Anruf um diese Zeit würde ihn nicht sonderlich freuen, aber Scully hatte das Bedürfnis, mit jemandem zu reden, der nichts mit diesem Fall zu tun hatte. Jemand, der nicht an kleine Eindringlinge aus dem All glaubte.

Ethan nahm nach dem ersten Klingeln ab.

„Hallo?“ Er klang nicht besonders glücklich.

„Ich bin’s. Scully. Tut mir leid, wenn ich dich geweckt habe.“

„Ich war wach“, grunzte Ethan. „Irgendwer hat mich vor ein paar Minuten angerufen, dann aber wieder aufgelegt.“

Scully lächelte. Das mußte Mulder gewesen sein. Er überprüfte sie, traute ihr immer noch nicht. Doch das war sein gutes Recht – immerhin hatte sie neben der Seziererei noch einen ganz anderen Job zu erledigen: *Ihn* zu überprüfen. Sie waren ja tolle Partner! Jeder spionierte dem anderen hinterher.

„Kein schöner Start in den Tag", sagte sie.

„Allerdings", stimmte Ethan zu. „Wie spät ist es?"

„Hier ist es fünf", sagte Scully. „Dann ist es bei dir also acht."

„Wieso bist du so früh auf?" fragte Ethan. „Sind die Vögel da draußen so laut, oder was?"

„Ich war noch gar nicht im Bett", seufzte Scully. „Hab' die ganze Nacht gearbeitet. Ich hab' deine Nachricht bekommen und dachte, es wäre vielleicht etwas Wichtiges."

„Nee, wollte bloß mit dir plaudern." Scully konnte ihn gähnen hören.

„Na . . . dann . . ." sagte Scully, und ihr fiel wieder einmal auf, wie wenig sie ihm zu sagen hatte. Und wieder einmal beschlich sie das ungute Gefühl, daß Ethan und sie keine besonders aussichtsreiche Zukunft hatten.

„Hey, der Typ, mit dem du arbeitest, muß ja ein ganz schöner Sklaventreiber sein", witzelte Ethan. „Wie heißt er noch? Spooky irgendwas?"

„Yeah, stimmt schon, Spooky irgendwas", sagte Scully lahm. Der Telefonhörer in ihrer Hand schien immer schwerer zu werden. Der Drang, einfach aufzulegen, wuchs.

„Und, habt Ihr schon kleine grüne Männchen gefunden?" Ethan fand sich originell.

„Weißt du, ehrlich gesagt . . .“, sagte Scully, sah auf die Röntgenbilder und betrachtete das Ding in dem Glasröhrchen. Sie unterbrach sich. Sie konnte sich Ethans Reaktion vorstellen. Seine hochgezogenen Augenbrauen. Der Finger, mit dem er sich an die Stirn tippte. Und sie konnte ihm nicht mal einen Vorwurf machen – sie hätte genauso reagiert, jedenfalls vor ein paar Tagen noch. Was für einen Unterschied ein paar Tage mit Mulder machen, dachte sie. Ein paar Tage, und sie sah die Welt durch seine Augen. Würde irgendwann alles wieder so wie früher werden?

„Hey, na dann, laß dich nicht runterputzen, okay?“ sagte Ethan und gähnte wieder. „Und laß dich von Spooky nicht so antreiben. Droh ihm mit dem Irrenhaus.“

„Na, ich bin nicht sicher, daß . . .“ begann Scully.

„Hör mal, ich würd’ gern noch mit dir reden, aber ich hab’ einen langen Tag vor mir“, unterbrach Ethan sie. „Wir hören voneinander.“

„Yeah, das tun wir . . .“ sagte Scully zum Summen in der Leitung. Dann hängte auch sie auf.

Sie schüttelte den Kopf und betrachtete erneut die Röntgenbilder. Warum sollte irgendwer oder irgendwas ein kleines Metall-Implantat in der Nase haben? Das ergab einfach keinen Sinn. Und wenn es das doch tat . . . dann ergab eigentlich auch alles andere, an das sie glaubte, keinen Sinn mehr.

Es klopfte am Fenster.

Sie sah Mulders glückliches, verschwitztes Gesicht durch die Scheibe. Sie machte das Fenster auf.

„Sie hätten mitkommen sollen“, sagte Mulder. „Joggen macht echt wach. Jetzt noch eine kalte Dusche, und ich bin bereit für den Tag.“

Scully stöhnte. „Ich passe noch mal. Ich will eine *heiße* Dusche – dann will ich schlafen."

„Ach, kommen Sie", sagte Mulder. „Sie werden das doch nicht versäumen wollen. Es ist die Chance Ihres Lebens. Wie oft haben Sie schon ein Rendezvous mit einem echten Massenmörder?"

8

Danny Doty war ein dünner junger Mann. Aber im Gefängnis gingen sie trotzdem kein Risiko ein: Seine Handgelenke waren von Handschellen umspannt, Metallschellen, die durch eine kurze Kette verbunden waren, lagen um seine Knöchel. Er konnte nur halbe Schritte machen, als die Wächter ihn in das Besucherzimmer brachten.

„Sie können uns mit ihm allein lassen", wies Mulder die Wächter an.

„Wir müssen Sie warnen", sagte einer von ihnen, „der ist gefährlich."

„Er sieht vielleicht nicht so aus", sagte der zweite, „aber er ist ein Killer."

„Davon abgesehen ist er nicht immer ganz bei sich", setzte der erste hinzu. „Sie wissen schon, er gerät manchmal außer sich."

„Das ist okay", befand Mulder. „Wir werden uns darum kümmern. Wir sind vom FBI."

Der erste Wärter sah Scully zweifelnd an.

„Machen Sie sich keine Sorgen um sie", sagte Mulder. „Schwarzer Gürtel in Karate!"

Der zweite Wärter zuckte mit den Achseln. „Okay. Es ist Ihre Party – wenn Sie den Ausdruck entschuldigen."

Die Wärter verließen den Besucherraum.

„Genau genommen, ist es nur ein brauner Gürtel", murmelte Scully nachdenklich.

„Wen interessiert das?“ fragte Mulder. „Davon abgesehen, wird Danny uns sowieso nichts tun. Oder, Danny?“

Danny antwortete nicht. Aber das Glitzern seiner Augen ließ Scully alle Muskeln anspannen. Die Wärter hatten keinen Witz gemacht. Dieser Typ war definitiv nicht ganz normal.

Mulder allerdings sah ihn an wie einen lang verloren geglaubten Bruder. „Hallo, Danny“, sagte er so freundlich wie nur möglich.

„Hi, Leute“, zirpte Danny wie ein Vögelchen. „Wolltet Ihr mich besuchen kommen? Das machen nicht viele. Danny ist nicht so beliebt. Sie haben mich eingesperrt und den Schlüssel weggeworfen. Abgelegt und vergessen. Aber das finde ich cool. Das ist der Vorteil im Knast. Er ist sicher, Mann. Sicher wie ein Grab. Und nicht halb so kalt.“

Drei Stühle standen in dem großen weißen, leeren Raum. Mulder und Scully setzten sich nebeneinander, Danny nahm ihnen gegenüber Platz.

„Danny, ich bin FBI-Agent Mulder, und dies ist . . .“ begann Mulder.

„Hey, Mann, ich weiß, warum Sie hier sind“, säuselte Danny. „Sie haben Karen Swenson erwischt.“

„Sie kennen Karen?“ fragte Mulder.

„Yeah, klar“, sagte Danny. „Nettes Mädel. Aber, hey, es mußte so kommen. War nur eine Frage der Zeit. Sie haben’s bestimmt ganz prima gemacht.“ Er lachte. „Ein ganz besonders liebevoller Job.“

„Wer sind *sie*?“ fragte Mulder und beugte sich vor.

Danny rollte die Augen himmelwärts, bis nur noch das Weiße zu sehen war. Dann sah er wieder Mulder an.

„Habe ich *sie* gesagt?“ fistelte Danny. „Mein Fehler. Die Wahrheit ist, ich war es. Von hier aus. Telepathisch. War gar nicht anstrengend. Ich hab’ bloß gedacht: ‚Karen, Baby, du bist tot.‘ Und *wooosch,* weg war sie. Aber keine Sorge. Ich bin bereit, dafür zu bezahlen. Nochmal lebenslänglich, bitte.“ Danny kicherte irre.

Mulder zwinkerte nicht einmal. „Was können Sie uns über die Male auf Karen Swensons Rücken erzählen?“ fragte er und zeigte Danny ein Foto.

„Kleopatras Schlangenbiß“, sagte Danny schnell. „Ja, Sir, den hat sie gebraucht, um in den Club zu kommen.“

„Ach wirklich?“ fragte Mulder. „Was für ein Club ist denn das?“

„Was glauben Sie wohl, was das für ein Club ist, Mister FBI?“

„War Ray Soames im Club?“

„Ray Soames?“ Danny runzelte die Stirn. Dann strahlte er. „Oh, yeah, der gute alte Ray. Na klar. Ray hatte . . . wie nennt man das? Eine Familienkarte.“

Wieder das irre Kichern.

Mulder sah Scully an. „Möchten Sie Danny irgend etwas fragen?“

„Nein, machen Sie ruhig weiter“, sagte Scully gedehnt. „Ich habe das Gefühl, Sie und Danny kommen prima miteinander klar.“

Mulder wandte sich wieder an den Gefangenen.

„Hören Sie, Danny, wir wollen Ihnen helfen“, sagte er.

„Mann, vergessen Sie’s. Ich will keine Hilfe“, schnauzte Danny. Jetzt klang er überhaupt nicht mehr verrückt. „Ich bin schuldig, verstehen Sie? Schuldig, schuldig, schuldig.

Ich will gar nicht hier raus. Mir gefallen diese dicken hohen Mauern um mich rum. Ich kann nicht raus – aber es kann auch nichts rein. Und ich will ganz bestimmt nicht mit Billy Miles tauschen. Das ist sicher."

„Wer ist Billy Miles?"

„Billy?" sagte Danny. „Ich dachte, jeder kennt Billy. Er ist der Quarterback. Natürlich spielt er jetzt nicht mehr. Nicht, seitdem er in der Irrenanstalt ist."

Das State Psychiatric Hospital lag am Rande von Bellefleur. Es war ein hübsches weißes Gebäude, umgeben von einem gut gepflegten grünen Rasen. Eine scheinbar erstklassige Institution.

Der Leiter der Nervenklinik, Dr. William Glass, wirkte ebenfalls erstklassig. Er sah intelligent aus und war sehr höflich. Seine Antworten waren eindeutig. Er war bislang der einzige in Bellefleur, der den Ermittlungen nicht feindselig gegenüberstand. Im Gegenteil: Er schien helfen zu wollen.

„Ja, Billy Miles ist hier Patient," sagte er. „Er ist seit über drei Jahren hier."

„Und Sie sind sein behandelnder Arzt?" fragte Mulder.

„Ich betreue seine Behandlung, ja."

„Billy war in der Klasse von '89", sagte Mulder. „Sie wissen, was ein paar dieser Kids passiert ist?"

Dr. Glass nickte grimmig. „Ich habe in den letzten Jahren etliche von ihnen gesehen. Inklusive Danny Doty."

„Weswegen haben Sie ihn behandelt?" fragte Mulder.

„Darüber kann ich nichts sagen", bedauerte Dr. Glass. „Schweigepflicht."

Mulder nickte. „Natürlich. Aber können Sie nicht ganz allgemein etwas dazu sagen?"

„Das wohl schon", sagte der Doktor. „Ich kann Ihnen sagen, daß sie alle an ähnlichen Problemen leiden. Posttraumatischer Streß. Reaktion auf einen schrecklichen Schock."

„Was für einen Schock?"

„Ich habe keine Ahnung", gestand der Doktor. „Ich glaube auch, daß es nicht mal die Kids selbst wissen. Aber eins ist sicher: Was auch immer es war, es hat sie von oben bis unten durchgeschüttelt. Es hat Mus aus ihren Gehirnen gemacht."

Scully wollte sich eigentlich heraushalten. Ihr Job war es, zu beobachten, wie Mulder arbeitete. Aber *eine* Frage mußte sie nun doch stellen:

„Glauben Sie, daß Danny Doty seine Klassenkameraden umgebracht hat?"

„Solche Fragen überlasse ich der Polizei und den Gerichten", sagte Dr. Glass vorsichtig.

„Aber Sie haben doch sehr wahrscheinlich eine Meinung dazu", bohrte Scully nach.

„Meine Arbeit besteht darin, den Geist zu heilen", sagte Dr. Glass. „Nicht darin, einen Körper einzusperren."

„Um den Geist zu heilen, haben Sie es da auch mal mit Hypnose versucht?" unterbrach Mulder.

Dr. Glass lächelte trocken. „Die Leute hier halten nicht viel von Psychiatrie. Sie würden sofort verschwinden, wenn ich irgendwas Abgefahrenes ausprobierte. Ich muß die Behandlungen einfach halten. Das ist vielleicht nicht die beste Möglichkeit – aber Heftpflaster sind nun mal besser als nichts."

„Haben Sie jemals Dr. Jay Nemmans Tochter behandelt?“ fragte Mulder.

Dr. Glass zögerte. „Ja“, sagte er schließlich. Er räusperte sich. „Allerdings ohne Wissen ihrer Eltern. Sie kam allein zu mir. Ich habe mein Bestes getan, aber . . .“ Er hielt inne. „Tut mir leid. Wie gesagt, ich kann Einzelfälle nicht mit Ihnen besprechen.“

„Nicht einmal den von Billy Miles?“ fragte Mulder.

„Nicht einmal den von Billy Miles“, bestätigte der Doktor.

„Aber Sie werden uns erlauben, ihm ein paar Fragen zu stellen“, drängte Mulder.

Dr. Glass zog die Augenbrauen hoch. „Tut mir leid, ich dachte, das wüßten Sie. Billy Miles liegt im Koma. Einem Wachkoma. Wir glauben, er ist bei Bewußtsein. Aber er reagiert auf nichts. Und er hat seit Jahren mit niemandem gesprochen. Ich befürchte, Sie würden Ihre Zeit verschwenden.“

Mulder zuckte zusammen, als hätte ihm jemand eine Ohrfeige gegeben. Aber er erholte sich schnell. „Können wir ihn denn wenigstens sehen?“ fragte er.

Der Doktor zuckte mit den Achseln. „Natürlich. Obwohl ich nicht weiß, wozu das gut sein soll. Und ich warne Sie, Billy ist kein schöner Anblick.“

Kein schöner Anblick.

Das war eine Untertreibung.

Billy saß im Bett. Er war ein gutausssehender junger Mann, glatt rasiert und gut gebaut.

Aber er schien in einer anderen Welt zu sein.

Er atmete langsam durch seinen leicht geöffneten Mund. Hin und wieder zwinkerte er. Das waren die einzigen Lebenszeichen.

„Schauen Sie sich das an!“ sagte der Aufseher und schüttelte den Kopf. „Der beste Football-Spieler, den es an der Bellefleur High je gab. Hat auf ein College-Stipendium gesetzt. Dann hat ihn irgendein Arsch auf der State Road angefahren. Einfach so. Fahrerflucht . . . haben ihn nie erwischt. Das ist fast vier Jahre her.“

„Seitdem ist er so?“ fragte Scully. Ihr war übel. Mit Leichen konnte sie gut fertig werden. Aber lebende Leichen waren eine ganz andere Sache.

„Yeah“, grunzte der Aufseher. „Wie Gemüse. Also, ich wäre lieber tot. Seine Familie besucht ihn einmal im Monat. Die einzige, die sich überhaupt um ihn kümmert, ist Peggy O’Dell.“

Dann rief der Aufseher über Scullys Schulter: „Oder stimmt das nicht, Schatz?“

Scully und Mulder sahen sich um und entdeckten eine junge Frau im Rollstuhl. Sie war streichholzdünn und blaß wie ein Geist. Sie sah Billys Besucher nicht an, hatte nur Augen für die Gestalt im Bett. Sie rollte sich an Billys Seite und hob ein Buch aus dem Schoß.

„Sie ist Billys Freundin“, sagte der Aufseher. Er zwinkerte Scully zu. „Oder nicht, Peggy? Du solltest mit diesen netten Leuten reden. Sie sind gekommen, um Billy zu besuchen, genau wie du.“

Das Mädchen kniff die Augen zusammen. Ihr Mund zuckte – aber sie sagte nichts.

Mulder fragte freundlich: „Bist du mit Billy zur Schule gegangen?“

Peggy ignorierte die Frage. „Billy möchte, daß ich ihm vorlese“, sagte sie mit angespannter Stimme.

Mulder versuchte es noch mal: „Kanntest du Billy vor dem Unfall?“

Peggys Stimme klang verträumt. „Jeder kannte Billy“, erinnerte sie sich. „Er war der beliebteste Junge an der ganzen Schule.“

„Gefällt es ihm, wenn du ihm vorliest?“ fragte Mulder sie.

„Ich muß mich jetzt um Billy kümmern“, leierte Peggy, als wäre sie in Trance. „Wir gehören zusammen.“ Sie schwieg. Dann sagte sie mit einer Stimme, die von den Wänden widerzuhallen schien: *„Billy und ich haben das Licht gesehen.“*

9

„Billy und ich haben das Licht gesehen!“

Peggys Worte ließen den Raum erzittern.

Mulder und Scully standen mit offenen Mündern da.

Billy Miles wurde härter getroffen.

Er riß die Augen auf. Sein Gesicht zuckte. Die Muskeln an seinem Hals standen hervor, und sein Adamsapfel hüpfte auf und ab. Seinen Lippen entwich ein animalisches Grunzen, als wolle er etwas sagen.

Dann war es vorbei. Und Billy war wieder wie tot.

Scully hörte Mulder sagen: „Peggy, du mußt keine Angst haben. Aber Dr. Scully wird dich jetzt untersuchen.“

Scully sah, wie Peggys blasses Gesicht sich ängstlich verzog.

„Nein! Will nicht . . . will nicht . . .“ rief Peggy. Keuchend vor Anstrengung rollte sie sich zur Tür.

Der Aufseher packte den Rollstuhl von hinten.

„Es ist okay, Schätzchen“, sagte er. „Es ist okay.“

Peggy glaubte ihm nicht. Sie stieß sich aus dem Rollstuhl und versuchte, auf dem Boden davonzukriechen.

Der Aufseher drückte einen Alarmknopf an der Wand.

Inzwischen versuchte Scully, Peggy wieder in den Rollstuhl zu zerren. Peggy wehrte sich erbittert. Ihre Arme zuckten wild, als Scully versuchte, sie hochzuziehen. Schließlich eilte Mulder Scully zur Hilfe.

„Danke. Wie eine wütende Katze“, murrte Scully.

Mulder achtete nicht auf sie – er starrte auf Peggy. Scully folgte seinem Blick und sah, was er sah.

Peggys Krankenhemd war hochgerutscht, ihr unterer Rücken lag bloß.

Zwei rote Male auf milchweißer Haut.

Mulder sah zufrieden aus. Sehr zufrieden.

Scully war plötzlich schwindelig. Ihr wurde übel. Das alles war immer schwerer zu verstehen.

Scully konnte nicht länger in diesem Irrenhaus bleiben. Sie wollte raus – raus, bevor sie selbst in einer Zwangsjakke landete. Sie lief an den beiden Aufsehern vorbei, die kamen, um sich um Peggy zu kümmern, lief durch den Korridor und zur Eingangstür hinaus. Auf dem grünen Rasen, unter blauem Himmel, ging es ihr besser. Sie fühlte sich wieder wie sie selbst. Gesund. Kontrolliert. Sie ging zum Wagen hinüber, um noch einmal die Akten durchzusehen. Was sie jetzt brauchte, waren Fakten. Schöne, klare, kalte Fakten.

Sie saß im Wagen und las noch einmal den Zeitungsbericht über Karen Swensons Tod. Die Schlagzeile war: *Vierter tragischer Tod in der Klasse von '89.* Dann die Details, wie Karen Swenson auf der Waldlichtung entdeckt worden war.

Es muß eine vernünftige Erklärung für das alles geben, dachte Scully. Sie mußte bloß darauf kommen.

Es klopfte leise am Wagenfenster.

Scullys Herz blieb stehen.

Dann sah sie Mulder durch das Fenster grinsen.

„Sehr lustig“, schnappte sie, nachdem sie die Scheibe heruntergekurbelt hatte.

„Billy hat gesagt, es täte ihm leid, daß er Ihnen nicht auf Wiedersehen sagen konnte“, sagte Mulder.

„Ha-ha“, höhnte Scully. „Hören Sie, Mulder, woher wußten Sie, daß dieses Mädchen auch die Male haben würde?“

„Mädchen? Welches Mädchen?“ fragte Mulder. Dann deklamierte er: „Oh, Sie meinen die, die aussah wie Carrie auf dem Abschlußball.“

Scully verlor das letzte bißchen Geduld. Sie hatte Mulders Spielchen satt – vor allem, weil *er* die Regeln aufstellte.

„Mulder, Schluß jetzt!“ sagte sie. „Ich will Antworten! Was ist hier los? Was wissen Sie über diese Male? Was ist das?“

„Wollen Sie die Wahrheit hören?“ erkundigte sich Mulder.

„Ja“, sagte Scully.

„Aber können Sie sie auch ertragen?“ wollte Mulder wissen.

„Probieren Sie's aus!“ entgegnete Scully.

„Ich glaube, diese Kids sind entführt worden“, sagte Mulder.

„Aber von wem?“ fragte Scully.

„Sie meinen: von *was*“, korrigierte Mulder.

Scully stieg aus dem Wagen. Sie stand jetzt direkt vor Mulder. Es war an der Zeit, diese Sache mit ihm auszutragen.

„Sie glauben tatsächlich an *Dinge* aus dem All?“ fragte sie langsam.

„Hören Sie, ich habe nichts gegen eine bessere Erklärung“, sagte er. „Wenn Sie eine haben.“

„Ich glaube, daß Sie verrückt sind“, sagte Scully gnadenlos. „Ich glaube, diese jungen Leute haben mit irgendeinem Kult zu tun. Sie wissen schon, irgend so ein Satans-Kult. Die Leute, vor allem die jungen, fallen immer wieder auf so was rein.“

„Ach was?“

„Aber sicher.“ Scully kam in Fahrt. „Und der Wald ist absolut perfekt für irgendwelche blödsinnigen Mitternachts-Riten. Deswegen haben sie Karen Swenson auch dort im Nachthemd gefunden. Wir sollten in diesen Wald fahren. Da muß irgendwas zu finden sein. Kerzen. Kreuze. Irgendwas. Alles mögliche.“

„Gute Idee“, grinste Mulder. „Wirklich toll, daß Sie mir zugeteilt worden sind. Ohne Sie wüßte ich nicht, was ich machen sollte.“

„Sehr lustig!“ sagte Scully spitz. „Wie auch immer, ich finde, wir sollten in den Wald fahren.“

„Finde ich auch“, sagte Mulder. „Aber erst, wenn es dunkel ist. Wir müssen die Eingeborenen ja nicht noch mehr aufregen. Die haben sowieso schon genug dagegen, daß wir rumschnüffeln. Haben Sie damit ein Problem?“

„Kein Problem.“ Scully zuckte mit den Achseln. „Ich bin ein großes Mädchen. Ich hab’ keine Angst mehr vor der Dunkelheit.“

In dieser Nacht jedoch spürte sie, wie das Zittern in ihre Kniekehlen kroch.

Sie war allein im Wald. Mulder und sie waren in verschiedene Richtungen gegangen.

„Komm schon, Mädchen!“ beruhigte sie sich, als sie dem Strahl ihrer Taschenlampe folgte.

Sie sah die Lichtung vor sich liegen und ging direkt darauf zu, obwohl Zweige in ihr Gesicht schlugen. Sie kniete sich hin, wo das Gras auf der Lichtung verbrannt war. Sie fuhr mit den Fingern darüber: Sie waren mit grauer Asche bedeckt.

Sie erinnerte sich an den Zeitungsbericht. Hier mußten sie Karen Swensons Leiche gefunden haben.

Sie hörte ein tiefes Brummen.

Wind in den Bäumen, sagte sie sich. Aber sie konnte keine Brise spüren.

Das Geräusch wurde lauter. Scully versuchte, Mulder zu finden. Sie stand auf und sah in die Richtung, aus der sie gekommen war.

Helles, weißes Licht blendete sie.

Sie hörte ein Scheppern wie von einem metallenen Instrument. Schritte.

Sie erstarrte. Sie konnte kaum atmen.

Das Geräusch wurde lauter. Es kam näher.

Dann sah sie es. Der vage Umriß eines dunklen Wesens in der Mitte des gleißenden Lichts.

„Mulder? Sind Sie das?“ rief sie.

Doch sie kannte die Antwort schon.

Es war nicht Mulder, der da auf sie zukam.

10

„Du mußt Feuer mit Feuer bekämpfen“, sagte Scully sich – und tat es.

Sie richtete ihre Taschenlampe in das grelle Licht.

„Hey . . . was . . .“ rief eine Stimme.

Jetzt konnte sie die Gestalt erkennen.

Es war ein Polizist, der mit einem Gewehr auf sie zielte.

„Sie befinden sich auf Privatgelände!“ bellte er.

„Wir führen eine Ermittlung durch“, entgegnete Scully, nachdem sie den Kloß in ihrem Hals heruntergewürgt hatte. „Wir sind vom FBI.“

„Es ist mir egal, wer Sie sind“, sagte der Polizist. „Steigen Sie in Ihren Wagen und verschwinden Sie! Sonst buchte ich Sie wegen unbefugten Betretens von Privatbesitz ein.“

Plötzlich hallte Mulders Stimme aus dem Dunkeln. „Dies ist ein Tatort!“

Scully richtete ihre Taschenlampe auf die Stimme. Mulder stand am Rande der Lichtung.

„Und ich bin die Polizei“, raunzte der Polizist. „Und jetzt steigen Sie in Ihren Wagen und machen Sie, daß Sie wegkommen!“

Mulder taxierte den harten Blick des Cops. Er taxierte das Gewehr. Dann sagte er zu Scully: „Sie haben den Mann gehört. Wir müssen dem Gesetz gehorchen.“

Scully folgte Mulder, sie gingen an dem Vierrad-Antrieb-Truck des Cops vorbei. Sie sah die wattstarke Scheinwerferleiste auf dem Wagendach. Diese Scheinwerfer mußten sie geblendet haben. Der Dieselmotor des Trucks mußte das hohle Brummen verursacht haben, das sie gehört hatte. Natürlich! Das war es! Bei dem, was hier abging, lagen ihre Nerven bloß. Sie hatte angefangen, Gespenster zu sehen. Gespenster und mehr. Vor allem in diesem verfluchten Wald.

Ein neuer Schreck fuhr ihr in die Glieder.

Ein Blitz zischte durch den Himmel.

Donner spaltete die Luft.

„Verschwinden wir hier!“ sagte sie mit gepreßter Stimme.

Sie erreichten den Wagen, und Mulder ging zur Beifahrerseite.

„Fahren Sie“, sagte Scully. „Ich will was überprüfen.“

„Wenn Sie wollen . . .“. Er legte den Kompaß, den er in der Hand gehalten hatte, auf das Armaturenbrett und schnallte sich an. „Schnallen Sie sich besser auch an!“ riet er.

Wieder ein Blitz. Regentropfen platschten auf die Windschutzscheibe. Mulder schaltete die Scheibenwischer ein, sie halfen nicht viel. Der Regen stürzte sintflutartig vom Himmel – doch das hinderte Mulder nicht daran, das Gaspedal bis zum Boden durchzutreten. Der Wagen raste aus dem Wald und auf den Highway.

Derweil betrachtete Scully die verbrannte Erde und die Asche, die sie auf der Lichtung aufgekratzt hatte.

„Wie kommt das wohl? Was glauben Sie?“ fragte sie.

„Buschfeuer?“ sagte Mulder gelassen. „Camper?“ er grinste. „Warum fragen Sie mich? Sie wissen doch, daß meine Ideen Ihnen nicht passen.“

„Es könnte irgendein Ritual sein. Vielleicht ein Opfer“, sinnierte Scully. „Ich glaube, ich hatte Recht mit dem Satans-Kult. Ich will noch mal dorthin zurück.“

„Aha. Sicher“, nickte Mulder. Er wirkte nicht sonderlich interessiert. Scully hätte genausogut über das Wetter reden können. Mulder konzentrierte sich darauf, im Radio einen guten Sender zu finden. Plötzlich erstarrte seine Hand auf dem Sendersuchlauf.

Ein Brummen kam und ging, als wären sie unter einer Starkstromleitung hindurchgefahren.

„Schauen Sie!“ sagte Mulder.

Scully folgte seinem Blick, betrachtete den Kompaß. Die Nadel bewegte sich ohne Grund.

Mulder sah zum Fenster hinaus.

„Alles okay, Mulder?“ fragte Scully. „Was suchen Sie?“

Mulder antwortete nicht. Er fuhr einfach weiter durch den Regen. Pfützen bildeten sich auf dem Highway. Und der Wagen raste weiter.

„Hey, Mulder, vielleicht sollten Sie . . .“ begann sie.

Ein unglaublicher Blitz schnitt ihr das Wort ab. Der Blitz erfüllte den Himmel, zerriß den Horizont. Er erfüllte auch den Wagen mit beißendem Licht.

Dann wurde es dunkel. Die Wagenscheinwerfer waren erloschen. Der Motor schwieg.

Nur noch der prasselnde Regen war zu hören.

Der Wagen glitschte über den Asphalt, wurde langsamer. Schließlich blieb er am Straßenrand stehen.

„Wow“, ächzte Scully. „Was ist passiert?“

„Kein Saft mehr. Bremsen. Steuer. Alles ausgefallen!“ sagte Mulder. Aber das schien ihn nicht weiter zu beunruhigen – eher klang er zufrieden, vielleicht sogar fröhlich. Wie ein Kind, das einen goldenen Ring aus dem Kaugummiautomaten gezogen hatte. Er sah auf die Uhr.

„Wir haben drei Minuten verloren!“ rief er begeistert.

„Wir haben *was* verloren?“ fragte Scully.

„Drei Minuten!“ verkündete Mulder erneut.

Dann sprang er aus dem Wagen und marschierte durch den Regen über den Highway. Scully seufzte und lief hinter ihm her. Wie ein kleines Mädchen, das dem Rattenfänger nachläuft, dachte sie.

Vierzig Meter die Straße hinunter blieb Mulder stehen. Er wartete, bis Scully ihn erreichte.

„Wir haben drei Minuten unserer Zeit verloren“, wiederholte er. „Ich habe direkt vor dem Blitz auf die Uhr gesehen. Es war drei Minuten nach neun. Direkt danach war es sieben nach neun. Und hier, schauen Sie!“

Er zeigte auf die Straße. Ein großes orangenes X schimmerte im Regen. Scully versuchte, sich zu erinnern, wann Mulder es dort hingesprayt hatte. Sie brauchte einen Augenblick. Gestern. Es schien Jahre her zu sein. Seitdem war so viel geschehen. Um sie herum. Und in ihr drin.

Dieser Fall gerät außer Kontrolle, dachte Scully. So mußte sich ein Computer fühlen, der mit zu vielen Daten gefüttert wurde.

Sie wünschte sich, daß jetzt nichts mehr passieren würde, zumindest für ein Weilchen. Für eine kurze Zeit der Ruhe.

Mulder beendete ihren Traum.

„Von UFOs Entführte berichten immer wieder von Zeitverlusten“, sagte er. „Und Leute, die Sichtungen gemacht haben, ebenfalls.“

UFOs, dachte Scully und schnitt eine Grimasse. Mulder wollte seine Wahnvorstellungen von Außerirdischen einfach nicht aufgeben. Er glaubte tatsächlich und wahrhaftig, daß es welche gab. Sie waren dort draußen in der Nacht. Bereit, sie anzuspringen.

„Hören Sie, Sie können mir doch nicht erzählen, daß . . ." begann Scully.

„Da!" rief Mulder.

Er zeigte den Weg zurück. Die Wagenscheinwerfer waren wieder angegangen. Von allein.

„Was zum . . ." keuchte Scully.

„Ich habe Sie gewarnt, wie ich fahre", sagte Mulder. „Man weiß nie, was passiert, wenn ich am Steuer sitze. Sie müssen auf das Unvorbereitete vorbereitet sein."

„Ich sage Ihnen, was ich jetzt will!" fauchte Scully. „Ich will, daß Sie uns geradewegs zurück zum Hotel fahren. Kein Zwischenstop! Keine Umwege! Gehen Sie nicht über Los!"

„Aber sicher", sagte Mulder. „Heute nacht haben wir genug gesehen."

„Mehr als genug!" versetzte Scully.

Sie seufzte erleichtert, als sie endlich allein auf ihrem Zimmer war. Eine schöne heiße Dusche, eine Nacht schlafen, dann war das Ganze bloß noch ein schlechter Traum.

Aber zuerst mußte sie noch etwas erledigen. Sie stellte ihren Laptop auf den Tisch, öffnete ihn und begann zu tippen: „Agent Mulders Auffassung von durch ‚unbekannte Kräfte' verursachtem Zeitverlust kann vom berichtenden Agenten nicht bestätigt werden. Der berichtende Agent glaubt, daß so etwas sehr unwahrscheinlich wäre, und ist statt dessen der Meinung . . ."

In diesem Augenblick flackerte das Zimmerlicht. Dann ging es aus.

Scullys Computerschirm blieb erleuchtet, da das Gerät über seinen Akku lief.

Scully las ihren letzten Satz. „Der berichtende Agent glaubt, daß so etwas sehr unwahrscheinlich wäre, und ist statt dessen der Meinung . . ." Sie sah in die Dunkelheit, die sie umgab, und biß sich auf die Lippen. Sie markierte den Satz und drückte die *Delete*-Taste.

Was sollte sie schreiben? Was konnte sie verantworten? Was wollte sie . . .? Sie gab auf. Es war zuviel. Sie war mehr als todmüde, und sie war fast schon hirntot. Bei Tageslicht würde sie die ganze Sache einfacher erfassen können.

Im milchigen Schein des Computerschirms fand sie Kerzen im Zimmer und zündete eine an. Dann gähnte sie und reckte sich. Mulder würde auch morgen früh wieder allein joggen müssen. Sie würde so lange schlafen, wie sie konnte.

Sie ging mit der Kerze ins Badezimmer und stellte sie auf das Ablagebrett über dem Waschbecken. Das Flackern erhellte das Bad, der Schimmer wurde vom Spiegel und den weißen Kacheln zurückgeworfen.

Scully drehte die Dusche an. Sie hielt die Hand ins Wasser. Wunderbar heiß, ein willkommene Wohltat! Plötzlich hatte sie es eilig, aus ihren Sachen zu kommen.

Sie zog sich aus, ließ Jeans und Bluse auf den Boden gleiten.

Ein flüchtiger Blick in den Spiegel.

Und Scully schrie auf.

11

Scully hielt die Kerze in einer Hand. Mit der anderen schlug sie an Mulders Zimmertür.

Mulder riß die Augen auf, als er den Ausdruck auf ihrem Gesicht sah.

„Was ist passiert, Scully? Haben Sie einen Geist gesehen?“

Scully versuchte, ruhig zu bleiben. „Kann ich reinkommen? Ich möchte, daß Sie sich etwas ansehen.“

Mulder trat beiseite. Scully kam ins Zimmer. Dort brannte ebenfalls eine Kerze.

Scully atmete tief durch und zog den Bademantel aus, den sie sich übergeworfen hatte. Zu jedem anderen Zeitpunkt wäre ihr das peinlich gewesen. Jetzt aber nicht. Scully war zu besorgt, um sich zu schämen.

Außerdem wußte sie, daß Mulder sich nicht für sie interessierte – er interessierte sich für andere Dinge.

Scully trug bloß ihre Unterwäsche. Sie wandte Mulder den Rücken zu. Mit zitterndem Finger deutete sie auf ihren unteren Rücken. Sie wollte, daß Mulder sah, was sie gesehen hatte.

„Was ist das?“ fragte sie ihn.

Mulder kniete sich hin, um besser sehen zu können.

Als er schwieg, hob sie die Stimme. „Mulder, *was ist das*?“

Mulder stand auf. „Sie meinen diese beiden roten, erhabenen Flecken?“

Scully bemühte sich, nicht zu schreien. Ihre Stimme zitterte. „Ja, ich meine diese beiden roten, erhabenen Flecken!"

„Das ist leicht", sagte Mulder. „Mückenstiche."

„Mückenstiche", stöhnte Scully.

„Ich hab' selber mindestens zwanzig abgekriegt, draußen im Wald. Schauen Sie!" sagte Mulder. Er wollte sein Hemd ausziehen.

„Machen Sie sich keine Mühe. Ich glaube Ihnen", versicherte Scully. Eilig zog sie den Bademantel wieder an. Sie ging zur Tür und blieb auf halbem Wege taumelnd stehen.

Das Zittern übermannte sie. Sie stand einfach nur da und zitterte. Vor dem Fenster prasselte der Regen, immer wieder übertönt von gewaltigem Donner. Drinnen flackerten die Kerzen und zauberten gespenstisch lebendige Schatten. Sie sagte sich, daß sie keine Angst haben mußte. Es gab nichts, vor dem sie Angst haben mußte.

Es funktionierte nicht.

„Alles okay?" fragte Mulder.

„Ja. Alles in Ordnung", log Scully.

„Yeah", sagte Mulder. „So sehen Sie auch aus."

„Ich sage doch, es ist alles okay", beharrte Scully. Dann fügte sie hinzu: „Aber da ist noch was. Ich werde heute Nacht nicht in meinem Zimmer schlafen."

„Ach . . .? Haben Sie was Besseres vor?"

„Wir müssen miteinander reden, Mulder!" sagte Scully. „Es wird Zeit, daß Sie mir die Wahrheit sagen."

„Die Wahrheit?" fragte Mulder. „Was für eine Wahrheit meinen Sie?"

„Die Wahrheit über das, was Sie wissen", sagte Scully fest. „Und die Wahrheit darüber, woher Sie es wissen."

„Unter einer Bedingung."

„Und welcher?"

„Sie müssen bereit sein, mir zuzuhören."

„Nach dem heutigen Tag, nach heute abend, bin ich bereit, allem und jedem zuzuhören", versicherte ihm Scully.

„Dann setzen Sie sich!" sagte Mulder. „Oder noch besser, legen Sie sich aufs Bett! Ich nehme den Stuhl. Sie haben eine ganze Menge vor sich. Viel zu lernen." Er hielt ihr eine Hand hin. „Ein paar Sonnenblumenkerne?"

„Na gut, warum nicht." Sie kaute die Kerne, während sie Mulders Stimme lauschte. Sie schmeckten überraschend gut.

„Ich war zwölf, als es passierte", begann Mulder mit sanfter Stimme. „Meine Schwester war acht. Wir schliefen im selben Zimmer. Das war schon immer so gewesen. Im nächsten Monat sollten wir jeder ein eigenes Zimmer bekommen, doch dazu kam es nicht mehr. Sie verschwand eines Nachts aus ihrem Bett. Sie löste sich einfach auf."

„Wie kann ein kleines Mädchen einfach verschwinden?" fragte Scully.

„Das wußte niemand", sagte Mulder. Seine Stimme klang, als wäre er weit weg. Als wäre er weit zurück durch die Zeit gereist. Zurück in seine Kindheit – in eine verängstigte, verwirrte Kindheit. „Meine Familie war reich. Sie kannte all die einflußreichen Leute, und so gab es eine groß angelegte Suchaktion. Polizei. Privatdetektive. Die Zeitungen. Alles."

„Und . . .?"

„Nichts", sagte Mulder. „Dann haben wir auf einen Erpresserbrief gewartet. Wir hätten alles bezahlt . . . Er kam jedoch nie."

„Sie haben sie nie gefunden?“ Scully war erschüttert.

„Es hat die Familie zerrissen“, fuhr Mulder fort. „Es hat Jahre gedauert, bis wir es verdrängen konnten. Aber es ist nie wirklich vergangen. Wie eine Wunde, die nicht heilt – egal, wieviel Verbandszeug man drumwickelt.“

„Sie ist immer noch da, in Ihnen drin, nicht wahr?“ fragte Scully behutsam.

„Ja, sie ist immer noch da“, bestätigte Mulder. „Ich habe versucht, alles zu vergessen. Ich bin von zu Hause weggegangen, um in England die Schule zu besuchen. Ich dachte, das hilft vielleicht. Hat es aber nicht – ich konnte meine Schwester nicht vergessen. Ihr Verschwinden hat mich dazu gebracht, mich mit dem Mystischen zu beschäftigen. Erst mit den Geheimnissen des Geistes. Dann mit den Geheimnissen der Verbrechen. Ich bin zum FBI gegangen. Ich wurde ein Star-Agent. Ich hatte Großes vor mir. Ich war unterwegs bis an die Spitze . . .“

„Was ist dann passiert?“ fragte Scully.

„Eines Tages bin ich über die X-Akten gestolpert“, seufzte Mulder. „So verrückte Fälle, daß alle sie bloß lächerlich fanden.“

„Alle außer Ihnen.“

„Ich wußte, was ich hätte tun sollen“, sagte Mulder. „Aber ich konnte es nicht. Ich konnte nicht anders, als diese Fälle zu glauben. Ich habe jede Akte gelesen. Hunderte und Aberhunderte. Dann habe ich alles gelesen, was ich über mysteriöse Ereignisse finden konnte. Okkultes. Paranormale Phänomene. Und schließlich habe ich von der tiefen Regressionshypnose erfahren.“

„Was genau ist das?“ fragte Scully. Sie wollte sicher sein, daß sie ihm folgen konnte.

„Tiefe Regressionshypnose ist eine Hypnose, die die versiegelten Teile Ihres Geistes öffnet“, erklärte Mulder. „Sie können sich dann an Dinge erinnern, die Sie vollständig ausgeblendet haben. Dinge, die zu beängstigend sind, um sich daran zu erinnern.“

„Und – an was haben Sie sich erinnert?“ fragte Scully mit gepreßter Stimme. Sie kannte die Antwort.

„Scully, sehen Sie mich an!“

Scully setzte sich im Bett auf und sah ihm in die Augen.

„Ich habe das noch nie jemandem von der Firma erzählt“, sagte Mulder. „Es klingt zu verrückt. Ich wollte es selber erst nicht glauben. Ich traue Ihnen, weil ich glaube, daß Sie wie ich sind . . . daß wir uns im Grunde ähnlich sind. Sie wollen Antworten – richtig?“

„Richtig . . .“

„Ich wurde von einem Experten hypnotisiert“, sagte Mulder langsam, als fiele er in Trance. „Ich bin zurück durch die Zeit gegangen. Bin zurückgegangen in die Nacht, in der meine Schwester verschwand. Ich habe mich selbst im Bett liegen sehen, ich wurde plötzlich wach. Ich sah das helle Licht vor dem Fenster. Ich sah, wie die dunkle Gestalt hereinkam.“

Mulders Hände waren zu Fäusten geballt. Schmerz zerfaserte seine Stimme. „Ich sah mich als Kind, erstarrt vor Angst. Ich hörte meine Schwester um Hilfe schreien. Sie haben sie genommen, und ich habe nichts getan, um sie aufzuhalten. Hören Sie, Scully! Es gibt diese Dinge. Ich weiß nicht, was es ist oder warum es geschieht. Aber ich werde es herausfinden. Und ich werde dem ein Ende setzen. Alles andere ist unwichtig für mich. Und dies hier . . . so nah bin ich noch nie herangekommen. Glauben Sie mir oder nicht, das ist mir egal."

„Ich glaube Ihnen." Scully sah ihm offen ins Gesicht.

„Aber ich muß Sie warnen", sagte Mulder. „Es ist gefährlich. Und je näher wir kommen, desto gefährlicher wird es."

„Das glaube ich auch", nickte Scully.

„Also sollten Sie vielleicht doch aussteigen", schlug Mulder vor.

„Vielleicht sollte ich auch nicht aussteigen", sagte Scully. „Vergessen Sie nicht, ich muß einen Bericht schreiben. Sie sind nicht der einzige, der seine Arbeit zu Ende bringen will."

Das Telefon klingelte.

Mulder ignorierte es. „Wenn Sie meinen . . ."

„Ich bin mir sicher." Scully betonte jedes Wort.

Das Telefon klingelte erneut.

Mulder nahm ab.

Scully sah, wie er die Lippen aufeinanderpreßte, während er zuhörte.

„In Ordnung", sagte er in den Hörer. „Wir sind gleich da."

Er legte auf, fuhr sich mit der Hand übers Gesicht. Er sah Scully fest in die Augen.

„Es ist wieder passiert."

12

„Wer war das am Telefon?“

„Ich weiß nicht. Hat er nicht gesagt. Jemand hat seine oder ihre Stimme verstellt“, sagte Mulder. Er zog bereits sein Jackett an.

„Was ist passiert?“ wollte Scully wissen.

„Peggy O’Dell, Billy Miles’ Freundin aus dem Irrenhaus“, sagte Mulder. „Sie ist tot. Im Wald. An einer Eisenbahnkreuzung. Das ist alles, was die Stimme gesagt hat. Den Rest möchte ich schnell selber herausfinden.“

„Geben Sie mir eine Minute, ich ziehe mich an“, rief Scully, schon in der Tür.

Sie rannte auf ihr Zimmer und zog sich an. Sie spritzte Wasser in ihr Gesicht und fuhr sich mit einer Bürste durch die Haare. Keine Zeit für Make up. Mulder wartete im Flur auf sie.

„Na, dann kann’s ja losgehen“, sagte er ungeduldig.

„Augenblick noch, lassen Sie mich abschließen“, bat Scully.

Er tippte ungeduldig mit dem Fuß auf, während sie einmal, zweimal abschloß.

„Schlösser helfen nicht viel“, murmelte er. „Eigentlich nichts – nicht, wenn es hinein will.“ Dann entschlossener: „Kommen Sie! Gehen wir! Wer zuerst am Auto ist, fährt.“

„Vergessen Sie’s!“ grinste Scully. „Ich fahre. Das ist wesentlich sicherer.“

„Da haben Sie wohl recht“, stimmte Mulder zu und warf ihr die Wagenschlüssel zu.

Sie verließen das Motel. Es hatte aufgehört zu regnen. Ein leichter Wind wehte, und der Vollmond erhellte schnell dahinfliegende Wolkenfetzen, er spiegelte sich in schwarz glänzenden Pfützen. Wassertropfen glitzerten auf dem Dach des Mietwagens.

Sie stiegen ein und schnallten sich an. Scully drehte den Zündschlüssel, und der Motor erwachte zum Leben.

Als sie vom Parkplatz auf die Straße bogen, sagte Scully: „Wissen Sie, ich habe da so ein komisches Gefühl. Als ob jemand uns beobachtet. Jemand – oder etwas.“

Ein Haufen Cops war am Tatort, als sie ankamen. Das Licht der Polizeiwagen erhellte die Bahnschneise wie einen Drehort. Scully sah abgebrochene Äste und vom Sturm entwurzelte Bäume. Eine Lokomotive und einige Gepäckwagen standen auf dem blockierten Gleis.

Mulder ging direkt auf zwei Cops zu, die neben den Gleisen standen.

„Was ist passiert?“ fragte er. „Die Details. Ich will alle Details!“

Einer der Cops betrachtete Mulder mit gerunzelten Augenbrauen. „Machen Sie sich keine Sorgen, Mister! Es ist alles unter Kontrolle.“

„Ich habe gefragt, was passiert ist“, wiederholte Mulder. „Kommen Sie! Ich hab’ nicht die ganze Nacht Zeit.“

„Eine junge Frau wurde vom Zug überfahren“, sagte der Cop zögernd.

„Wie ist sie hierher gekommen?“ fragte Mulder.

Der Cop öffnete den Mund. Aber bevor er etwas sagen konnte, brummte sein Partner: „Hey, Mann, was sollen die ganzen Fragen? Wollen Sie uns verklagen, oder was?"

Mulder ignorierte ihn. „Saß das Mädchen in einem Rollstuhl?"

Der erste Cop kratzte sich am Kopf. „Rollstuhl? Da war kein . . ."

Von hinten legte sich eine Hand auf Mulders Schulter. Er wirbelte herum und erstarrte.

Es war der Detective, der sie im Wald entdeckt hatte. Der, der ihnen gesagt hatte, sie sollten verschwinden.

Der große, bullige Mann hielt weiter Mulders Schulter fest. Er drückte zu.

„Ich dachte, ich hätte Ihnen gesagt, Sie sollen hier verschwinden", schnarrte er.

Er ließ Mulders Schulter los. Mit dem Handballen stieß er gegen Mulders Brust.

„Und ich habe Ihnen gesagt, daß ich wissen will, was hier draußen los ist", entgegnete Mulder und stieß ebenso kraftvoll zurück.

„Ich warne Sie zum letzten Mal!" Der Polizist reckte die Schultern. „Noch so eine Nummer, und ich buchte Sie wegen Widerstands gegen die Staatsgewalt ein. Dann können Sie herausfinden, was im Knast los ist."

Er bedrängte Mulder erneut. Mulders Jackett öffnete sich.

Die Augen des ersten Cops leuchteten. „Hey, der hat 'ne Knarre", sagte der Cop. Er riß Mulders Pistole aus dem Schulterholster. Er war ganz schön schnell für einen, der aussah wie ein Ochse in Blau.

„Ich bin vom FBI, Sie Trottel“, sagte Mulder unwirsch und streckte die Hand aus, um seine Waffe entgegenzunehmen.

„Na klar!“ Der Cop grinste höhnisch. Er behielt die Waffe.

„Ich habe keine Zeit, mit Ihnen zu streiten“, sagte Mulder. Er wandte sich wieder an den Detective. „Hören Sie, vielleicht können Sie mir ja folgen. Ich habe dieses Mädchen heute nachmittag im Rollstuhl gesehen. Erzählen Sie mir doch mal, wie sie ohne den hierher gekommen ist.“

„Ich erzähle Ihnen, was ich Ihnen schon mal erzählt habe“, knurrte der Detective. „Verschwinden Sie, Mister!“

Scully sah, wie Mulder und der Detective einander gegenüberstanden. Sie sahen aus wie Hirsche, deren Geweihe sich ineinander verkeilt hatten. Mulder kam nicht weiter, indem er sich als Macho aufführte. Jetzt war sie dran, die Sache zu klären.

Sie ging zu dem Laken neben den Gleisen und hob es vorsichtig an. Sie sah hinunter auf den zerschmetterten Körper von Peggy O’Dell. Peggys Augen standen weit offen. Ihre Augen waren nach oben gerollt, nur das Weiße war zu sehen.

Scully versuchte, nicht an die lebende Peggy zu denken. Sie versuchte, sich nicht daran zu erinnern, wie Peggy Billy Miles liebevoll angesehen hatte.

Peggy war jetzt nur noch eine weitere Leiche. Peggy war nur noch ein Job.

Scully kniete sich nieder. Mit der toten Hand umklammerte das Mädchen eine braune Haarlocke. Einen Moment dachte Scully daran, sie als Beweisstück mitzunehmen. Sie entschied sich jedoch dagegen. Die Cops würden es gar nicht mögen, wenn sie Beweise stahl – das war genau das, was diese Ochsen brauchten, um sie zusammen mit Mulder einzusperren und den Schlüssel wegzuwerfen. Sie würde es in ihrem Bericht festhalten.

Dann sah sie noch etwas. Peggy trug eine Uhr. Wenn sie stehengeblieben war, als Peggy getroffen wurde, könnte das einen Aufschluß über den Zeitpunkt des Todes geben.

Scully nahm Peggys Handgelenk. Es war kalt. Sie drehte es um, um das Zifferblatt der Uhr zu sehen.

Ein Zittern durchflutete sie.

Die Uhr zeigte 9:03.

9:03.

Der Augenblick, in dem die Zeit angehalten hatte. Und gesprungen war.

Das mußte sie Mulder erzählen. Sie mußte . . .

„Aufstehen, Schwester!“ bellte eine Stimme. „Mitkommen!“

Sie sah auf. Ein Cop stand da und sah auf sie hinunter. Er hatte seine Waffe gezogen.

Scully stand auf. „Hören Sie, Officer, Sie machen da einen Fehler. Ich habe bloß . . .“

„Sie haben Beweise verwischt“, sagte der Cop.

„Aber ich sage Ihnen . . .“ protestierte Scully.

„Das können Sie dem Richter sagen“, schnauzte der Cop. „Und dem können Sie auch sagen, was Sie *damit* anstellen wollten.“

Der Cop wischte Scullys Jackettaufschlag beiseite. Er zog ihre Pistole aus dem Schulterholster.

„Kommen Sie, gehen wir zu Ihrem Kumpel“, befahl er.

Mulder stand mit gespreizten Armen und Beinen, Gesicht voran, an einen Polizeiwagen gelehnt. Er drehte den Kopf, als Scully neben ihm dieselbe Position einnahm. Er war wütend über das Verhalten der Cops, verärgert über ihre Dämlichkeit.

„Wir werden Ihre Identität feststellen lassen“, sagte der Detective. „Wenn alles stimmt, können Sie Ihre Waffen wieder abholen.“

„Ich habe meinen Ausweis bei mir“, versuchte es Scully noch einmal.

„Vergessen Sie's! Er hört nicht zu“, stöhnte Mulder entnervt. „Er hat zu viele Banditenfilme geguckt.“

Da sagte eine Stimme: „Sie können sie laufenlassen. Ich verbürge mich für sie.“

Es war der Gerichtsmediziner.

„Truit!“ sagte Mulder erleichtert. „Gott sei Dank sind Sie hier! Jetzt können wir die Sache klären.“

„Da ist nicht mehr viel zu klären“, erwiderte Truit. „Pech gehabt, Mr. FBI. Jetzt können Sie wieder von vorne anfangen.“

13

Mulder schnitt eine Grimasse. „Okay, Truit, dann mal raus mit den schlechten Nachrichten! Ich kann's mir schon denken. Aber Sie können es genausogut offiziell machen."

„Jemand hat gerade unsere Büros im Rathaus zerstört", berichtete Truit und schüttelte den Kopf. „Ich hab' ja schon befürchtet, daß irgend so etwas passiert. Die Leute hier halten sich eigentlich an die Gesetze – aber Sie haben sie so aufgeregt."

„Sie haben Ihr Büro verwüstet", sagte Mulder. Er klang müde und resigniert. „Aber das ist nicht alles, oder?"

„Ist das nicht genug?" fragte Truit zurück. Dann fügte er hinzu: „Oh, ja. Hab' ich ja fast vergessen. Ich hoffe, Sie haben sich nicht zu sehr in diese Hundeleiche verliebt, die Sie ausgegraben haben. Oder was auch immer das für ein Scheiß war."

„Sie haben sie mitgenommen, nicht?" Mulder atmete tief durch. „Wieso überrascht mich das nicht?"

„Fragen Sie mich nicht, was sie damit wollen." Der Gerichtsmediziner kratzte sich am Kopf. „Das ist ja nichts, was man sich über den Kamin hängen könnte."

„Ich würde nicht mal daran denken, Sie danach zu fragen", sagte Mulder. Er kniff die Augen zusammen. „Ich würde Sie nicht mal fragen, warum Sie keine Alarmanlage oder Bewachung haben."

„Hab' ich noch nie gebraucht, bevor Sie beide die Sache zum Kochen gebracht haben", entgegnete Truit. „Leute von außerhalb machen hier immer bloß Ärger."

Mulder öffnete den Mund, als wollte er etwas sagen. Dann schloß er ihn wieder. Er hatte eine Idee – eine fürchterliche Idee.

„Scully!" rief er. „Die Wagenschlüssel! Schnell!"

Sie gab sie ihm. Bevor sie fragen konnte, was los war, rannte er bereits zum Wagen. Sie folgte ihm. Als sie auf den Beifahrersitz schlüpfte, lief der Motor bereits.

„Was ist denn jetzt los?" fragte sie, als der Wagen über den Highway raste.

„Das werden Sie wahrscheinlich schnell genug erfahren", sagte Mulder und löste den Blick nicht von der Straße.

Er hatte recht.

Scully ahnte es, als sie das Glühen am Horizont entdeckte.

„Ist es das, was ich vermute?" fragte sie Mulder.

Mulder antwortete nicht. Sein Mund war grimmig zusammengekniffen.

Der Wagen fuhr um eine Kurve. Jetzt konnte sie geradewegs den Highway hinuntersehen – bis zum Motel.

Sie sah ein Flammenmeer.

Mulder brachte den Wagen neben einem Feuerwehrauto auf der Straße zum Stehen. Scully und er gingen zwischen den Feuerwehrleuten und den Motelgästen in Pyjamas und Nachthemden hindurch. Sie standen mit hängenden Schultern nebeneinander und sahen in die Flammen. Hilflos beobachteten sie, wie das Feuer ihre Zimmer erfaßte. Das Wasser aus den Löschkanonen war nur ein Tropfen auf den heißen Stein.

„Und weg ist mein Bericht! Ganz abgesehen von meinem Laptop. Dem neuesten Modell. War nicht einfach zu kriegen“, sagte Scully bedauernd.

„Das war’s mit den Röntgenbildern“, murmelte Mulder. „Mit den Polaroids. Mit der ganzen Arbeit. Alles, was wir gestern herausgefunden haben. Ich frage mich, wer das verschwinden lassen wollte. Haben Sie eine Idee, Scully?“

Scully wollte etwas sagen. Dann entschied sie sich anders. „Eigentlich nicht . . .“

„Vielleicht haben Sie eine – und wollen Sie nur nicht zugeben“, hakte Mulder rasch nach.

Scully mußte ihm nicht antworten.

„Schauen Sie mal, wer da kommt“, sagte sie und war froh über die Ablenkung.

„Dr. Nemmans kleine Tochter“, verkündete Mulder, während die Gestalt aus den Büschen ins Licht trat. „Sieht aus, als hätte sie nicht allzu gut geschlafen.“

Er hatte recht. Das Mädchen hatte einen leicht verwahrlosten Eindruck gemacht, als sie sie zum ersten Mal im geparkten Wagen ihres Dads gesehen hatte. Doch jetzt sah sie aus wie die Braut von Frankenstein. Ihr Haar stand wild vom Kopf ab. Ihr langes Nachthemd war schmutzig, der Saum war ausgerissen. Die Füße waren nackt. Auf dem Gesicht waren Tränenspuren zu sehen. Und ihre Stimme brach, als sie bettelte: „Bitte, helfen Sie mir! Sie müssen mich beschützen!“

Mulder zog sein Jackett aus und legte es dem Mädchen um die zitternden Schultern. „Es ist kalt heute nacht“, sagte er. „Wir wollen doch nicht, daß Sie sich erkälten.“

Dann fügte er hinzu: „Gehen wir irgendwohin, wo wir Ihnen etwas Warmes einflößen können. Danach können wir uns unterhalten. Nett und in aller Ruhe. Alles klären. Die ganze Sache klar bekommen. Alles wieder normal machen. Das wollen Sie doch, nicht?"

Das Mädchen nickte. „Alles wieder normal. Oh ja, bitte!"

„Wir sind an einem Vierundzwanzig-Stunden-Imbiß vorbeigefahren", schlug Scully vor. „Da könnten wir hingehen."

„Das habe ich auch gedacht", stimmte Mulder zu. „Wahrscheinlich ist doch richtig, was man über kluge Köpfe sagt."

Das Lokal war leer, als sie hereinkamen. Eine gelangweilt aussehende Kellnerin nahm ihre Kaffee-Bestellung entgegen. Das Mädchen, das wie eine zerschlagene Porzellanpuppe aussah, schien sie nicht weiter zu interessieren. Wahrscheinlich bediente sie schon so lange die Nachtschicht, daß sie überhaupt nichts mehr beeindrucken konnte.

Scully wartete, bis das Mädchen ihren ersten Kaffee ausgetrunken hatte.

„Möchten Sie noch was?" fragte sie.

Das Mädchen schüttelte den Kopf. „Nein", sagte sie. „Hilft auch nichts. Davon verschwindet der Geschmack auch nicht aus meinem Mund."

„Was für ein Geschmack?" wollte Mulder wissen.

„Wie Metall", sagte das Mädchen und schnitt eine Fratze. „Oder irgendwas . . . Schlimmeres. Uggh."

Mulder nickte mitfühlend. „Das muß schrecklich sein. Sie müssen sich heute nacht ganz besonders gut die Zähne putzen."

Er sprach langsam, so wie man mit einem Kind redet. Das Mädchen war vielleicht Anfang zwanzig, aber es sah aus wie eine verängstigte Fünfjährige.

„Sagen Sie, wie heißen Sie?"

„Theresa. Theresa Nemman."

„Was machen Sie heute nacht hier draußen? Noch dazu in Ihrem Nachthemd? Normalerweise gehen Sie so doch nicht in den Wald, oder?"

„Ich weiß nicht", sagte Theresa und schüttelte den Kopf. „Ich war plötzlich dort. Das passiert. Immer wieder. Ich bin dort draußen und weiß nicht, warum und wieso."

„Das ist also schon früher passiert?" fragte Scully. Sie sprach sanft, beruhigend. Das Mädchen sah so zerbrechlich aus wie Glas.

Theresas Stimme schien von weit weg zu kommen ... von irgendwo tief in ihr drin. „Immer wieder, seit ich mit der Schule fertig bin ... Auch meinen Freunden passiert es. Deswegen möchte ich, daß Sie mich beschützen. Ich will nicht, daß es mir passiert. Ich will nicht sterben, wie die anderen. Wie Peggy heute nacht."

Ihre Schultern begangen zu zittern. Tränen liefen über ihre Wangen.

Scully langte über den Tisch, um sie zu beruhigen, und nahm die Hand des Mädchens in ihre. Die Hand war so kalt wie die von Peggy neben den Gleisen.

„Sie werden mich beschützen, oder?" flehte das Mädchen zwischen Schluchzern. „Versprechen Sie mir, daß Sie mich beschützen."

„Natürlich werden wir das", versprach Scully. „Da können Sie ganz sicher sein."

Scully hatte einen bitteren Geschmack im Mund. Einen metallischen Geschmack.

Sie wußte, was das war.

Es war der Geschmack der Lüge.

14

Scully konnte sich nichts mehr vormachen.

Sie konnte nicht mehr länger so tun, als wäre dies ein ganz normaler Fall. Sie konnte sich nicht mehr länger einreden, daß die Wissenschaft ihr alle Antworten geben würde. Oder daß ihre FBI-Ausbildung sie zum Mörder führen würde.

Schlimmer noch, sie konnte Mulder nicht mehr länger als einen Wahnsinnigen abtun, einen Irren, einen total durchgedrehten Spinner. Sie war beinahe froh, daß ihr Laptop zerstört war. Denn so mußte sie sich vorerst keine Gedanken mehr über ihren Bericht machen.

Es würde schwierig werden, ihre FBI-Vorgesetzen davon zu überzeugen, daß Mulder möglicherweise tatsächlich einer realen Sache auf der Spur war. Vielleicht würde es sogar unmöglich sein. Sie konnte sich jedenfalls nicht vorstellen, daß sie es glauben würden. Sie selbst hatte es ja auch nicht geglaubt – bis jetzt. Sie würde vorsichtig sein müssen, wenn sie den Bericht schrieb, denn nicht nur Mulders Job stand auf dem Spiel. Auch ihre eigene Zukunft. Ganz abgesehen davon, was mit den X-Akten passieren würde. Das Bureau würde die Akten wegschließen und den Schlüssel wegwerfen – und das wollte Scully auf keinen Fall. Sie wollte, daß diese Akten zugänglich blieben. Sie wollte, daß Mulder weiter arbeiten konnte ... Und sie wollte ihm dabei helfen. Sie hatte genug gesehen, um mehr sehen zu wollen. Mulder hatte recht gehabt. Sie war wie er. Sie gehörte zu den Leuten, die Antworten wollten. Sie gehörte zu den Leuten, die Antworten *brauchten* – egal, wie sie lauteten.

„Es ist Zeit, die Wahrheit zu sagen", sagte Mulder.

Scully erstarrte. Dann begriff sie, daß er nicht mit ihr redete. Er redete mit Theresa.

„Sie sind diejenige, die mich heute abend angerufen hat, nicht wahr, Theresa?" fragte Mulder. „Sie sind diejenige, die mir gesagt hat, daß Peggy O'Dell ermordet wurde."

Seine Stimme war nicht mehr freundlich. Sie war harsch, fordernd. Er hat entschieden, daß es jetzt Zeit ist, die Samthandschuhe auszuziehen, dachte Scully. Er war wie ein Tier, das Blut roch. Gnadenlos. Zäh. Das war ein Teil von ihm, den Scully noch nicht gesehen hatte. Aber sie war nicht überrascht, daß es ihn gab.

Theresa biß sich auf die Lippen, sie schwieg. Sie versuchte, den Blick von Mulder zu lösen. Doch Mulders stechende Augen hielten sie wie in einem Schraubstock.

„Ja", sagte sie schließlich leise. „Das war ich."

„Woher wußtest du, wo du mich erreichen kannst?" wollte Mulder wissen.

„Ich habe gehört, wie mein Vater sagte, wo Sie übernachten."

Scully erhaschte Mulders Blick. Sie zog die Augenbrauen hoch. War Dr. Jay Nemman der Feuerteufel? Einen Tag zuvor hatte er sich ziemlich irre benommen. Aber war er so irre?

Mulder zuckte mit den Achseln. Er wußte es nicht. Dann wandte er sich wieder an die Tochter des Doktors. Er würde die Wahrheit herausfinden, selbst wenn er sie mit Gewalt aus Theresa herausreißen mußte.

„Mit wem hat dein Vater geredet?“ fragte Mulder. „Wem hat er von dem Motel erzählt?“

„Er hat mit Billys Dad geredet“, gestand Theresa.

„Billy? Du meinst Billy Miles?“

„Ja. Billy ist . . .“ begann Theresa. Sie schwieg. Es fiel ihr schwer, es auszusprechen. Schließlich schaffte sie es. „Billy ist einer von uns.“

„Ich weiß, Theresa“, sagte Mulder, wieder etwas sanfter. „Ihr steckt alle zusammen da drin. Die Klasse von '89. Aber kehren wir zurück in die Gegenwart. Woher wußtest du, daß Peggy tot ist?“

„Mein Dad hat einen Anruf bekommen.“ Theresas Stimme wurde immer leiser. „Ich habe ihn am Telefon fragen hören: ‚Peggy ist tot? Sind Sie sicher?‘“

„Wann war das?“ unterbrach Scully. Sie wollte die richtige Zeit haben – auf die Minute genau. Heute bedeuteten Minuten eine ganze Menge. Vielleicht sogar alles.

„Neun Uhr. Ein paar Minuten später“, sagte Theresa. „Ich weiß noch, daß meine Lieblings-Fernsehsendung gerade angefangen hatte, als das Telefon klingelte.“

„Was ist dann passiert?“ bohrte Mulder weiter. „Nachdem du deinen Vater hast sprechen hören?“

Theresa schüttelte hilflos den Kopf. „Ich weiß nicht. Ich kann mich nicht erinnern. Das nächste, woran ich mich erinnere, ist, daß ich im Wald war. Etwas hat mich verfolgt.“

„Wer?“ fragte Mulder.

„Ich . . . weiß nicht“, stammelte das Mädchen. Wieder standen ihm die Tränen in den Augen.

Aber Mulder ließ nicht locker. „War es dein Vater?"

„Nein", sagte Theresa. Ihre Stimme war gerade noch ein Flüstern. „Aber Daddy hat gesagt, ich soll es nie jemandem erzählen. Nichts davon."

„Du sollst niemandem über *was* nichts erzählen?" fragte Mulder scharf.

Scully konnte ihm keinen Vorwurf machen. Mittlerweile fühlte sie sich genauso wie er. Sie waren zu nah an der Wahrheit, um lockerzulassen.

„Ich soll niemandem von Peggy erzählen", wisperte Theresa. „Oder Billy Miles. Oder wie Daddy geholfen hat."

„Dein Vater hat geholfen? Wem hat er geholfen?"

„Peggy . . ."

„Wie hat er ihr geholfen?" fragte Mulder.

„Er war Peggys Arzt. Sie war . . . sie würde ein Baby bekommen", sagte Theresa. „Aber es ist gestorben."

„Wußte Billy von dem Baby?" fragte Scully, nur eine Winzigkeit schneller als Mulder.

„Nein", flüsterte Theresa. „Er war nicht da – er war seit Monaten nicht da. Er ist direkt vor dem Schulabschluß verschwunden. Bis Ende des Sommers ist er nicht wiedergekommen. Peggy hat gesagt, er war der Vater ihres Babys. Aber niemand hat ihr geglaubt, weil er damals gar nicht da war."

„Hat dein Dad gewußt, wer der Vater des Babys ist?" fragte Mulder.

Theresa zögerte wieder. Dann sagte sie: „Er hat Peggy geholfen. Aber . . . aber da war kein Baby. Da war etwas anderes. Daddy hat gesagt, es wäre, weil Peggy die Male hat."

Scully schluckte. Es gefiel ihr gar nicht, daran zu denken, was Peggy statt eines Babys in sich gehabt hatte. Aber sie kam nicht darum herum.

Im Geiste sah sie die Überreste des Wesens, das sie in dem Grab gefunden hatten.

Ihr wurde übel.

Sie sah Mulder an, der unbeeindruckt blieb. Er beugte sich vor.

„Die Male?" fragte er eindringlich. „Du meinst die Male auf dem Rücken?"

„Ja", schluchzte Theresa. „Wir haben sie alle. Seit wir im Wald waren. *Und wir werden alle sterben.*"

15

Weiter kam Theresa nicht.

Sie hielt sich die Hände über die Ohren, legte die Stirn auf den Tisch und begann jämmerlich zu weinen.

Scully streckte den Arm aus, um ihre Hand zu berühren. Sie war immer noch eiskalt.

Dann hob Theresa den Kopf.

„Oh Gott!“ entfuhr es Scully.

Blut lief aus Theresas Nase.

Scully grabschte eine Handvoll Papierservietten aus einem Spender und gab sie Theresa.

Und als sie das tat, sah sie etwas vor sich. Das Wesen in dem Sarg. Das Implantat in seiner Nase.

Steckte dasselbe Implantat in Theresas . .?

Weiter kam Scully nicht mit dem Gedanken.

Aus dem Augenwinkel sah sie die Tür des Lokals aufschwingen.

Dr. Jay Nemman stürmte herein. Dicht hinter ihm der Detective von der Lichtung im Wald. Er sah bösartiger aus als je zuvor.

Die Kellnerin deutete auf den Tisch, an dem Scully und Mulder mit Theresa saßen.

„Da ist Ihr kleines Mädchen, Doc“, nölte die Kellnerin. „Gott allein weiß, was sie ihr angetan haben, der Armen!“

Scully begriff, daß die Kellnerin telefoniert haben mußte. Die Leute hier draußen hielten zusammen – vor allem, wenn es gegen die von außerhalb ging.

Von außerhalb der Stadt, doch wenigstens noch von der Erde.

Dr. Nemman ignorierte Scully und Mulder. Er sah bloß seine Tochter.

Er legte seine Hand auf ihre Schulter. „Gehen wir heim, Schatz“, sagte er. „Das ist das Beste für dich. Weg von diesen neugierigen Leuten und ihren schrecklichen Fragen.“

Aber Theresa schrumpfte unter seiner Berührung. Ihre Augen waren ängstlich aufgerissen.

„Ich glaube nicht, daß das Mädchen gehen möchte“, sagte Mulder ganz ruhig.

„Sie halten sich da raus“, raunzte der Doktor. „Sie ist krank. Sie ist sehr krank. Sie hat Wahnvorstellungen. Alles mögliche ... Sie steht kurz vor einem nervösen Zusammenbruch. Sie darf sich nicht aufregen.“

Mittlerweile hatte sich Theresa in die äußerste Ecke der Eß-Nische zurückgezogen. Arme und Beine hatte sie schützend an sich gezogen.

Der Detective streckte den Arm in ihre Richtung aus.

„Dein Daddy will dich mit nach Haus nehmen, Theresa, Schätzchen“, säuselte er lockend. „Da kannst du dich waschen. Er wird dich ins Bett bringen. Wird dir einen schönen heißen Kakao machen. Klingt das nicht gut?“

„Wir bringen dich in Sicherheit, Mäuschen“, stimmte Dr. Nemman ein. „Du weißt, daß Detective Miles und ich nicht dulden, daß dir was zustößt.“

Mulder saß plötzlich steil aufgerichtet auf seinem Stuhl.

„Sie sind der Vater von Billy Miles?“ fragte er den Detective.

Der große Mann wandte sich an Mulder. „Das stimmt.“ Er sah wütend auf Mulder hinunter. „Und Sie bleiben weg von meinem Jungen, hören Sie? Schlimm genug, wie es ihm geht. Ich will nicht, daß ihn Außenseiter anglotzen wie in einem Zoo.“

„Komm, Joe, hilf mir“, sagte Dr. Nemman zu Detective Miles.

Nemman nahm einen von Theresas Armen, Miles den anderen. Gemeinsam zerrten, trugen sie sie aus dem Imbiß.

Weder Mulder noch Scully rührten sich. Sie hatten keine Möglichkeit, gegen das Recht eines Vaters und die Macht des Gesetzes anzugehen. Theresa warf ihnen einen letzten panischen Blick zu, dann waren sie zur Tür hinaus.

„Ist ja wunderbar hier!“ knurrte Mulder und trank seinen Kaffee aus. „Jeden Tag ist Halloween.“

„Können wir glauben, was sie gesagt hat?“ fragte Scully. „Vielleicht hat ihr Vater ja recht. Vielleicht ist sie verrückt. In dieser Stadt scheinen alle verrückt zu sein. Vielleicht liegt's am Wasser.“

„Glauben Sie wirklich, daß jemand – verrückt oder nicht – sich das alles ausdenken könnte?“ fragte Mulder zurück.

„Sie kennen die Antwort darauf.“ Scully hob die Schultern. „Aber trotzdem ergibt es irgendwie keinen Sinn. Zum Beispiel ist Peggy O'Dells Uhr drei nach neun stehengeblieben. Da muß der Zug sie überfahren haben. Aber Theresa hat gesagt, daß Miles ihrem Vater kurz nach neun von dem Unfall berichtet hat. Das kann nicht sein.“

„Wer weiß?“ fragte Mulder. „Sie kann sich mit der Zeit geirrt haben. Bei sowas machen Leute gern Fehler. Oder sie könnte gelogen haben. Uns angelogen haben – oder sogar sich selbst. Es gibt Dinge, die nur schwer zuzugeben sind. Zum Beispiel, daß sie eine telepathische Verbindung mit Peggy hat. Diese Kids der Klasse von ’89 sind durch irgendwas verbunden . . . Irgend etwas, dem sie sich nicht entziehen können.“

Mulder setzte seine Kaffeetasse an die Lippen. Dann bemerkte er, daß sie leer war.

„Wie auch immer und was auch immer die Wahrheit ist, vor Gericht hält sie nicht stand“, fuhr er fort. „Nichts, was Theresa gesagt hat, hält dort stand. Ein so verwirrtes Mädchen wie sie! Ein Mädchen, dessen eigener Vater sagt, sie wäre wirr im Kopf. Kein Gericht der Welt würde ihren Worten mehr Gewicht beimessen als denen eines Arztes. Oder eines Cops.“

Scully nickte. „Stellen Sie sich doch mal vor, Sie geben zu Protokoll, was auf dem Highway bei dem X passiert ist. Drei Minuten nach neun . . . als Sie sagten, daß die Zeit drei Minuten auf Urlaub war. Ich will damit nicht sagen, daß das so war oder daß es nicht so war. Aber Sie sollten besser nicht versuchen, das einem Richter zu verkaufen.“

Mulder lächelte bitter. „Ich hab’ schon lange aufgegeben, Richtern sowas zu erzählen. Für die braucht man nichts anderes als harte Beweise.“

„Da sind Sie nicht der einzige, der das verstanden hat“, stimmte Scully zu. „Wer auch immer das Büro des Gerichtsmediziners verwüstet und unser Motel verbrannt hat, wußte das auch. Jetzt haben wir bloß noch Asche.“

„Was glauben Sie, wer der Feuerteufel ist?“ fragte Mulder. „Der gute Dr. Nemman?“

„Könnte sein“, nickte Scully, während sie scharf nachdachte. „Er ist nicht gerade unser Freund. Vielleicht hat Billys Vater ihm geholfen – die sind immerhin beide gegen uns. Beide versuchen, irgend jemanden zu schützen.“

Mulder sprang auf.

Mittlerweile kannte Scully die Zeichen.

Sie stand ebenfalls auf.

„Wohin jetzt?“ fragte sie.

„Ist mir gerade eingefallen“, platzte Mulder heraus. „Vielleicht gibt es noch Beweise, die sie nicht zerstört haben.“

„Wo?“ fragte Scully.

Aber Mulder lief schon zur Tür.

Scully rannte hinter ihm her zum Wagen. Er saß bereits hinter dem Steuer.

„Vorsichtig“, sagte sie zu Mulder, als er die Straße entlang raste. Wieder waren Wolken aufgezogen. Nieselregen fiel herab, und der Asphalt war glatt. „Wir werden diesen Fall nicht lösen, wenn wir tot sind.“

„Wenigstens wären wir dann an der richtigen Stelle“, witzelte Mulder. Er nahm den Fuß nicht vom Gas.

Schließlich legte er eine Vollbremsung hin. Sie standen vor dem Bellefleur Hillside Friedhof.

Mulder stieg aus, und Scully folgte ihm. Mulder schaltete seine Taschenlampe ein. Dann eilte er über das nasse Gras und den sumpfigen Boden.

Er blieb stehen.

„Zu spät!“ fluchte er.

Im Strahl seiner Taschenlampe klafften zwei ausgehobene Gräber. Neben ihnen standen zwei offene Särge.

Mulder leuchtete hinein.

Scully schaute über seine Schulter.

„Beide leer“, bedauerte Mulder. „Ich hätte es wissen müssen.“

„Was ist hier los?“ fragte Scully. „Gibt es denn eigentlich nichts Normales an diesem Fall? Oder sind bloß wir beide nicht normal?“

Mulder hörte nicht zu.

Er stand da, das Gesicht leer; er war in seiner eigenen Welt versunken.

Scully mußte warten.

Schließlich kehrte das Leben langsam in sein Gesicht zurück.

Er faßte Scully an den Schultern. Seine Augen leuchteten hell, und es war ein vergnügtes Glitzern in ihnen.

Aus seiner Stimme sprach dieselbe Freude.

„Ich bin gerade darauf gekommen“, strahlte er. „Ich weiß, wer es ist.“

„Wer *was* ist?“

„Wer es getan hat“, sagte Mulder.

„Getan hat?“ fragte Scully. „Sie meinen: Peggy getötet?“

Mulder nickte fröhlich.

„Und der Rest?“ forschte Scully. „ Wer hat unsere Beweise gestohlen? Theresa Angst gemacht? Alles dieselbe Person?“

Mulder nickte weiter.

„Ein und dieselbe“, sagte er. „Und ich weiß, wer es ist.“

16

„Ich hasse es, Ihnen den Spaß zu verderben – aber ich glaube, ich kenne die Antwort bereits“, hielt Scully dagegen. Sie hatte im Kopf eine Menge Teile zusammengesetzt und war sich ziemlich sicher, das Puzzle gelöst zu haben.

„Glauben Sie?“ fragte Mulder. „Glauben Sie wirklich?“

„Ist es der große Cop – Detective Miles?“

„Nicht schlecht“, schmunzelte Mulder. „Sie sind eine Zierde der Akademie. Aber – nein.“

„Nein?“

„Nein – aber Sie sind verdammt nah dran.“

„Nah dran?“

„Es ist sein Sohn – Billy Miles“, erklärte Mulder.

Scully wußte, daß Mulder ein netter Mann war. Gutmütig. Talentiert. Mit dem Herz am rechten Fleck.

Aber sein Verstand lief einfach in zu krausen Bahnen.

Sie lächelte ihn an, während sie den Kopf schüttelte.

„Billy Miles?“ sagte sie. „Sie meinen den Jungen, der seit vier Jahren wie tot im Bett liegt? Er ist aufgestanden, hierher gekommen und hat beide Gräber allein ausgehoben?“

Mulder nickte.

„Ich bin nicht sicher, ob ich alles verstehe . . . Alle Details, meine ich. Aber es paßt zum Profil von Entführungen durch Außerirdische. Glauben Sie mir, ich weiß, wovon ich rede. Ich habe hunderte von Fällen durch den Computer laufen lassen, und . . .“

„*Das* paßt in ein *Profil*?“ Scully war fassungslos. Sie dachte an den ganzen Wahnsinn der letzten Tage. Das mußte ja ein tolles Profil sein!

„Hören Sie!” sagte Mulder. „Peggy O’Dells Uhr ist um drei Minuten nach neun stehen geblieben. Das haben Sie gesehen. Das ist genau der Augenblick, an dem wir drei Minuten auf dem Highway verloren haben. Gleichzeitig – genau gleichzeitig – hat Theresa Nemman irgendwie ihr Haus verlassen und ist wieder zu sich gekommen, während sie im Wald um ihr Leben rannte. Ich glaube, irgend etwas ist in diesen drei Minuten passiert. Als die Zeit, wie wir sie kennen, stillgestanden hat.“

„Sicher, Mulder, sicher“, spöttelte Scully. „Warum fahren wir jetzt nicht zurück zum Motel. Da können Sie sich ein Glas heiße Milch kommen lassen. Erstmal ausschlafen. Morgen früh werden Sie sich besser fühlen.“

Mulder zog die Augenbrauen hoch.

„Sie glauben mir nicht?“ fragte er.

„Agent Mulder, ich stehe hier im Matsch und im Nieselregen“, platzte Scully los. „Ich sehe zwei leere Särge vor mir. Ich befinde mich auf einem Friedhof, auf dem wir irgendwas ausgebuddelt haben, was ich nicht identifizieren kann. Inzwischen hat mir ein durchgedrehtes Kind erzählt, daß es sterben wird, weil es *die Male* hat. Natürlich, ich glaube Ihnen, Mulder. Aber das heißt nicht, daß Sie recht haben. Es heißt lediglich, daß ich selber langsam durchdrehe. Inzwischen glaube ich jedem alles. Es würde mich auch nicht überraschen, wenn wir gleich beide anfangen, den Mond anzuheulen.“

„Beruhigen Sie sich, Scully. Hören Sie mir zu“, sagte Mulder beschwörend.

„Beruhigen!“ blaffte Scully. „Dafür werde ich ein paar verdammt starke Pillen brauchen.“

Dennoch spürte sie, wie sie sich beruhigte. Vielleicht lag es an Mulders Stimme. An seiner Passion für die Wahrheit. Seiner absoluten Überzeugung. Was auch immer es war, sie hielt den Mund und hörte zu.

„Ich glaube, hier in Bellefleur ist eine ungeheure Kraft am Werke“, sagte Mulder. „Wir haben sie schon im Flugzeug gespürt, bevor wir gelandet sind. Sie ist uns auch draußen auf dem Highway begegnet. Unsere Uhren spinnen. Mein Kompaß ist ausgeflippt. Was ich sagen will, ist – ich glaube, diese Kraft kann die Zeit verbiegen. So daß Billy Miles losziehen konnte, um diese Gräber aufzugraben. Und das Büro zu verwüsten. Und das Motel anzustecken. Und zu töten . . . Und das alles, ohne daß jemand bemerken konnte, daß er überhaupt aus seinem Bett geklettert ist.“

Scully nahm sich vor, Mulder nicht zuzuhören. Aber sie befand sich in unbekannten Gewässern und kämpfte gegen eine Strömung, die stärker war als sie. Sie fühlte die Kraft seiner Gedanken – ihre Macht, ihre Entschlossenheit. Sie verlor den Boden unter den Füßen und wurde weiter und weiter hinaus auf See gezogen.

„Diese ‚Kraft‘ – sie herrscht über die Zeit?“ hörte sie sich fragen.

„Ja“, entgegnete er. „Und deswegen haben diese Kids auch die Male auf dem Rücken. Die Jugendlichen mit den Malen sind entführt und für Tests mißbraucht worden. Sie wurden auf die Waldlichtung gebracht. Die Substanz, die wir nicht identifizieren können, wurde in ihre Körper injiziert und verursachte eine genetische Mutation."

„Also hat diese ‚Kraft' Theresa heute nacht durch den Wald gejagt?"

„Nein", sagte Mulder. „Das war Billy Miles. Er folgte einem Impuls, der in seine DNA eingepflanzt ist. Danny Doty spürt denselben Impuls in seinen Genen. Deswegen will er im Gefängnis bleiben. Er weiß, er kann nicht gehorchen, wenn er hinter Gittern sitzt."

Scully nickte. Natürlich. Das ergab Sinn. Absolut. Keine Frage. Mulder hat zweifellos recht mit dem, was er ihr erzählte. Und sie hatte zweifellos recht damit, ihm zuzuhören und zu nicken und ihn zu drängen, ihr noch mehr zu erzählen. Nur der Rest der Welt, der war . . .

Sie fing an zu lachen.

Mulder sah sie an und fing ebenfalls an zu lachen.

So standen sie im Regen auf dem dunklen Friedhof und bogen sich vor Lachen.

„Wissen Sie was? Wir sind verrückt", japste Scully schließlich.

„Natürlich sind wir das", keuchte Mulder.

Er kam wieder zu Atem.

„Kommen Sie!" sagte er zu Scully. „Gehen wir!"

„Wohin?" fragte Scully, noch leicht mitgenommen vom Lachanfall.

„Wo wir hingehören", griente Mulder. „Ins Irrenhaus. Zu Billy Miles."

17

Scully und Mulder standen neben Billy Miles' Bett. Der Aufseher, der sich um Billy kümmerte, war ebenfalls anwesend.

„Wir können bis zum jüngsten Gericht warten, Billy steigt nicht aus dem Bett", bemerkte er. „Vergessen Sie's."

Billy lag da, still wie eine Leiche. Nur die leichten Bewegungen seiner Brust zeigten, daß er atmete. Sein Gesicht sah aus wie eine Totenmaske. Seine Augen waren blank wie Glas.

„Seit drei Jahren liegt er hier so", sagte der Aufseher. „Und vorher ein Jahr zu Hause."

„Sind Sie sicher?" fragte Scully. „Er bewegt sich nie?"

„Ich behalte ihn genau im Auge", versicherte der Aufseher. „Sein alter Herr zahlt mir was extra dafür. Er hat mich schwören lassen, falls es irgendein Anzeichen von Leben gibt, erzähle ich es ihm als erstem. Glauben Sie mir, wenn Billy auch nur zwinkert, weiß ich es."

Mulder hatte zugehört. Jetzt trat er vor und übernahm das Gespräch. „Haben Sie letzte Nacht seine Bettpfanne ausgewechselt?"

„Das macht niemand außer mir", sagte der Aufseher.

„Ist Ihnen irgend etwas Ungewöhnliches aufgefallen?" fragte Mulder weiter.

„Ungewöhnlich?" Der Aufseher war erstaunt. „Wie meinen Sie das? Was könnte Ungewöhnliches mit Billy passieren? Ich habe Ihnen doch schon gesagt, er hat sich seit . . ."

„Was haben Sie letzte Nacht um neun Uhr gemacht?“ unterbrach Mulder.

„Wahrscheinlich Fernsehen geguckt“, sagte der Aufseher. „Yeah. Natürlich. Stimmt. Ich hab’ Glotze geguckt.“

„Was haben Sie geguckt?“ hakte Mulder nach.

„Das war. Äh . . . Das war . . .“ Der Aufseher schwieg. Plötzlich war er verwirrt. „Das ist ja eigenartig, ich kann mich nicht genau erinnern, was . . .“

Plötzlich hielt er inne. Scully beugte sich über Billys Bett. Sie hatte etwas entdeckt. Einen schwarzen Fleck auf Billys sauberen weißen Laken. Sie ging zum Fußende des Bettes. Sie fing an, am Laken zu zerren.

„Hey, was machen Sie da?“ wollte der Aufseher wissen.

Scully kümmerte sich nicht um ihn. Sie zerrte das Laken heraus und betrachtete Billys nackte Füße.

„Was suchen Sie da?“ fragte der Aufseher gereizt.

Scully fand das, wonach sie suchte, unter einem Zehennagel. Dreck. Schwarzen Dreck.

Der Aufseher war wütend. Es paßte ihm gar nicht, daß diese Fremden sich an Billy heranmachten. Billy war sein Job. Mehr noch. Er war sein Job und sein Nebenjob zugleich.

Der Aufseher öffnete den Mund, um Scully zu vertreiben. Doch bevor er das tun konnte, schoß Mulder eine weitere Frage ab. „Wer hat sich letzte Nacht um Peggy O’Dell gekümmert?“

„Ich nicht“, verteidigte sich der Aufseher. „Das ist nicht mein Job. Aber schade um das Mädchen. Sie konnte Billy hier gut leiden. Ich glaube, sie hat ihm mehr Gutes getan als die ganzen Ärzte. Manchmal hatte ich sogar das Gefühl, Billy wußte, daß sie hier war.“

„Wie könnte sie entkommen sein?“ fragte Mulder. „Ohne ihren Rollstuhl?“

„Ich weiß nicht“, murrte der Aufseher. „Wie gesagt, damit habe ich nichts zu tun.“

Dann sah er Scully. Sie hatte ein Metallinstrument aus ihrer Tasche geholt, mit dem sie den Dreck unter Billys Zehennagel hervorkratzte. Sie füllte ihn in ein kleines Glasröhrchen. Sie war damit fertig, bevor der Aufseher sie stoppen konnte.

Er konnte bloß noch fragen: „Was zum Teufel wollen Sie denn damit?“

Mulder antwortete an Scullys Stelle. „Vielen Dank für Ihre Zeit.“

Der Aufseher blieb mit offenem Mund zurück, als Mulder und Scully den Raum verließen.

Nun blieb dem Aufseher nur noch Billy, um seinen Unmut loszuwerden. Das machte ihm jedoch nichts aus – er redete schließlich jeden Arbeitstag mit Billy. Es störte ihn nicht, daß die Konversation etwas einseitig war. Dem Aufseher gefiel der Klang seiner eigenen Stimme.

„Nun schau mal, was die Frau da gemacht hat“, sagte der Aufseher. „Hat die schönen Krankenhausecken deines Bettes durcheinandergebracht. Muß ich jetzt wieder neu machen. Immerhin hat sie deine Nägel schön sauber gemacht, obwohl mir nicht ganz klar ist, wieso die dreckig waren. Wahrscheinlich schwitzt du oder so. Ich meine, du lebst, Billy-Boy. Sonst würde dein alter Herr mir auch nicht jede Woche was extra geben. Aber ich verdien’ mir mein Geld auch. Ist nicht nur lustig, den ganzen Tag mit dir zusammenzustecken. Ich meine, du bist nicht unbedingt mein

Traum-Kumpel. Außerdem habe ich das Gefühl, das geht dir auf den Geist. Ich hätte schwören können, daß du sie angeguckt hast, als sie an deinen Zehen rumgekratzt hat . . ."

Draußen sagte Scully zu Mulder: „Ahnen Sie, wo ich jetzt hin will?"

„Wir brauchen keine zwanzig Minuten, um zurück zum Motel zu fahren – oder dem, was davon übrig ist", anwortete Mulder.

„Dann muß ich Ihnen wohl auch nicht sagen, wonach wir suchen."

„Hoffen wir bloß, daß wir es finden", brummte Mulder zustimmend.

Scully rümpfte die Nase, während sie durch die verkohlten Überreste ihrer Motel-Zimmer stapften. Das Feuer hatte einen schrecklichen Gestank hinterlassen. Aber eine Sekunde später vergaß sie den Geruch.

„Wir haben Glück!" rief sie Mulder zu und hob eine halb geschmolzene Tüte hoch. Der Inhalt war noch intakt. „Ich wußte, daß es gut war, eine Probe von der Waldlichtung mitzunehmen."

„Einen Punkt für Ihre Akademie-Ausbildung", stimmte Mulder zu.

„Und hier ist noch was, das überlebt hat", sagte sie. Sie hob ein Glasröhrchen auf. Es war zerbrochen, aber das kleine Metall-Implantat – das Implantat aus der Nase des Wesens im Sarg – war noch da.

„Unser Feuerteufelfreund ist vielleicht gut – aber nicht *so* gut", frohlockte Scully.

„Dann wollen wir doch mal sehen, wie gut wir sind", sagte Mulder. „Auf ins Labor! Wir haben viel zu tun."

„Keine Sorge“, versicherte Scully ihm. „Das wird ein Kinderspiel.“

Sie hatte recht. Der Job war ein Witz. Sie plazierte den Dreck, den sie unter Billys Zehen hervorgekratzt hatte, auf einem Objektträger. Daneben legte sie eine Probe von der Waldlichtung. Als sie den Objektträger unter das Mikroskop geschoben hatte, brauchte sie nur einen Blick darauf zu werden.

„Na prima!“ sagte sie. „Die passen perfekt zueinander.“

„Wunderbar, Partner!“ verkündete Mulder. Er hob den Arm, und Scully schlug ein. „Na, dann mal los!“

18

„Sieht so aus, als wären wir nicht allein“, sagte Mulder.

Die Scheinwerfer ihres Wagens beleuchteten einen Truck mit Vierrad-Antrieb. Er stand am Rande des Waldes.

Scully erkannte ihn sofort. „Unser alter Kumpel, Detective Miles“, sagte sie. „Der ist offensichtlich nachts gern im Wald.“

„Wahrscheinlich ein Pfadfinder, der nie erwachsen geworden ist“, spöttelte Mulder. „Was er wohl heute nacht wieder vor hat . . .“

„Wir werden es herausfinden“, sagte Scully. „Aber machen wir uns jetzt darum keine Sorgen. Erst müssen wir noch etwas anderes klären.“

Sie parkte den Wagen neben dem Truck. Sie stiegen aus, schalteten ihre Taschenlampen an und folgten den hellen Lichtstrahlen in den dunklen Wald hinein.

„Man sollte meinen, daß wir den Weg inzwischen kennen.“ Scully dämpfte ihre Stimme. „Aber in diesem Wald komme ich mir immer verloren vor. Vielleicht liegt es auch nicht an dem Wald . . . Vielleicht liegt es an dem ganzen Fall. Ich verliere die Orientierung. Jedesmal, wenn wir eine Antwort finden, tauchen neue Fragen auf.“

„Willkommen im Club!“ raunte Mulder zurück und drückte einen Ast zur Seite. „So geht es mir schon seit Jahren. Wie in einem Irrgarten mit endlosen Drehungen und

Biegungen. Ein Irrgarten, in dem man sich garantiert verläuft – egal, wie klug man zu sein glaubt.“

Dann schwieg er, und sie waren nur noch umgeben von den nächtlichen Geräuschen des Waldes. Dem Wind in den Bäumen. Eulenrufen. Dem Rascheln unbekannter Tiere. Dem sanften Knacksen ihrer Schritte auf dem Laub.

Schließlich nahm Mulder den Gedanken wieder auf: „Was denken Sie, Scully? Was halten Sie von diesem Irrgarten? Macht er Ihnen Angst? Wollen Sie raus, solange es noch geht? Oder sind Sie wie ich? Sind Sie schon zu tief drinnen, um umzukehren?“

„Muß ich die Frage jetzt gleich beantworten?“ fragte sie halb im Scherz. „Oder darf ich erst meine Notizen zu Rate ziehen?“

„Nehmen Sie sich soviel Zeit, wie sie wollen“, sagte Mulder. „Aber irgendwann werden Sie sie beantworten müssen. Nicht mir . . . sich selbst. Und natürlich den Leuten, die Sie mit mir hierher geschickt haben. Unsere geliebten Chefs.“

„Darüber mache ich mir später Sorgen.“ Scully winkte ab. Sie hatte den Platz gefunden, wo sie die graue Asche und die schwarze Erde aufgekratzt hatte. „Sehen Sie . . .“ Sie wies mit ihrer Taschenlampe auf Eindrücke in der Asche.

„Fußabdrücke“, sagte Mulder.

„Nackte Füße“, bestätigte Scully. „Es paßt.“

„Hören Sie . . . Da rennt jemand!“

Scully hörte es auch. Ein Körper brach durch das Gebüsch.

Mulder schwang den Strahl seiner Taschenlampe in Richtung des Geräuschs. Er war schnell genug, um eine Gestalt zu erfassen, die zwischen den Bäumen hindurchhetzte. Aber er war nicht schnell genug, um zu erkennen, wer es war.

Scully sah, wie Mulder losrannte. Sie zögerte einen schmerzhaften Herzschlag lang. Dann stürzte sie ebenfalls los. Vielleicht war sie nicht so schnell wie er. Aber sie wollte ihn wenigstens im Blick behalten.

Scully war ein Fan der Redskins. Jetzt wußte sie, was es bedeutet, im Zickzack einem Stürmer nachzujagen. Mulder schoß vor ihr zwischen den Bäumen hindurch. Scully versuchte, ihn nicht aus den Augen zu verlieren. Eine Sekunde lang wußte sie nicht mehr, wo er war, dann sah sie ihn erneut. Er entfernte sich immer weiter von ihr. Sie mußte schneller rennen! Ihre Beine fühlten sich an wie Bleigewichte. Ihr Atem schmerzte in den Lungen. Aber sie zwang sich, tiefer zu atmen, schneller zu . . .

Zack.

Etwas schlug von hinten gegen ihre Beine.

Ihre Füße verhaspelten sich, gehorchten ihr nicht mehr.

Sie stürzte.

Sie spürte den Aufschlag ihrer Ellenbogen, als sie der Länge nach zu Boden fiel.

Ihr Kinn lag auf dem Erdboden. Langsam hob sie den Kopf und starrte ein paar schmutzige, vernarbte Stiefel an.

Ihre Augen wanderten aufwärts über die breiten Beine einer dunkelblauen Hose. Einen dicken Bauch, der über dem engen Gürtel hing und einen aussichtsreichen Kampf gegen die Hemdknöpfe führte. Dann blieb ihr Blick an dem glänzenden Gewehr hängen, das auf ihren Kopf zielte.

Sie mußte sich nicht die Mühe machen, dem Mann ins Gesicht zu sehen.

„Detective Miles", ächzte sie. „Wie nett, Sie hier zu treffen."

„Wenn Sie meinem Jungen was tun, bringe ich Sie um", drohte er.

Dann rannte er davon.

Scully wußte, wohin Miles lief. Doch vielleicht konnte sie Mulder einholen, bevor der mordsüchtige Cop ihn erreichte. Sie konnte Mulder warnen, aber konnte sie ihm wirklich helfen? Sie wünschte sich inbrünstig, eine Waffe zu haben oder daß wenigstens Mulder seine hätte. Karate war okay. Aber selbst ein schwarzer Gürtel war nichts gegen eine Kugel.

Sie rappelte sich auf und rannte durch den Wald. Jetzt lief sie blind. Sie hatte sowohl Mulder als auch Miles aus den Augen verloren. Sie konnte nur noch laufen und hoffen und beten, daß sie Mulder rechtzeitig fand.

Dann erreichte sie den Rand einer weiteren Lichtung. Ihr Herz setzte aus. Sie sah Mulder.

Er stand am anderen Ende der Lichtung. Mit seiner Taschenlampe beleuchtete er die Mitte des freien Platzes.

Dort, erstarrt im Lichtstrahl, stand Billy Miles in seiner Pyjamahose.

Scully lehnte sich gegen einen Baumstamm, um nicht zu Boden zu gehen. Sie konnte die beiden roten Male auf Billys Rücken sehen.

Sie zu sehen, war schlimm genug ... aber der schlaffe Körper, den Billy in den Armen hielt, erschreckte sie noch mehr.

Es war Theresa Nemman. Die Tochter des Arztes trug Nachthemd und Bademantel. Sie zeigte keinerlei Lebenszeichen.

„Billy", brüllte Mulder. „Leg sie hin, Billy!"

Billy sah blicklos in Mulders Richtung. Er war in einer anderen Welt.

Jetzt war es an Scully zu schreien. Sie sah Detective Miles hinter Mulder aus dem Wald brechen. Er hatte sein Gewehr erhoben. In seinen Augen stand der Tod.

„Mulder!" Ihre Stimme überschlug sich. „Vorsicht! Hinter Ihnen! Er hat eine Waffe! Er wird . . .!"

Aber als die Worte ihren Mund verließen, wußte sie schon, es war zu spät.

19

Mulder hörte Scullys Warnung. Er hatte Zeit, sich umzudrehen. Er hatte Zeit zu sehen, wie Miles aus dem Wald stürmte. Aber er hatte keine Zeit mehr, Miles daran zu hindern, ihn abzuknallen.

Doch der große Detective schien Mulder nicht mal zu sehen.

Er hatte bloß Augen für seinen Jungen.

„Billy! Ich liebe dich! Aber es geht nicht anders!" Miles brüllte wie ein verwundeter Grizzly – und hob seine Waffe.

Sie ging los – und verteilte ihre todbringende Ladung in den Nachthimmel.

Miles war zu Boden gegangen. Mulder hatte ihn umgerissen.

Die Redskins könnten diesen Typ gebrauchen, dachte Scully.

Sie sah, wie sich Mulder herunterbeugte, um das Gewehr an sich zu nehmen, und lief auf ihn zu, um ihm zu helfen. Billy blieb einfach starr stehen, Theresa in den Armen. Er sah aus wie eine Statue aus Fleisch und Blut.

Dann blieb Scully stehen, wie vom Donner gerührt.

Und es geschah.

Ein Wirbel von Staub und Blättern stieg vom Boden auf. Er bildete eine Wand um Billy und seine Last. Der Wind heulte durch die Bäume, doch über den Wind hinweg war ein Jaulen zu hören. Hinter dem Jaulen begann ein ohrenbetäubendes Hämmern. Und mit dem Hämmern flutete blendend weißes Licht auf die Lichtung und verschluckte Mulder und Miles mit seinen gleißenden Strahlen.

Es hörte so plötzlich auf, wie es begonnen hatte.

Scully zwinkerte und versuchte, etwas zu erkennen. Sie sah Billy und das Mädchen nebeneinander am Boden liegen. Sie waren mit Staub und Blättern bedeckt.

Mulder und Miles sahen sie ebenfalls. Die beiden Männer stemmten sich hoch und rannten in die Mitte der Lichtung, die Scully gleichzeitig mit ihnen erreichte.

Miles kniete sich neben seinen Sohn.

„Billy!“ sagte er erstickt.

Billy hob den Kopf. „Dad . . .?“ schaffte er zu sagen. Mit Hilfe seines Vaters kam er auf die Beine. Neben ihm rührte sich Theresa, und Scully half ihr langsam hoch.

„Wer sind Sie?“ fragte das Mädchen. „Was tue ich hier?“

Scully sah in die vernebelten Augen des Mädchens, dann spürte sie eine Hand auf ihrem Arm. Es war Mulder. Sie folgte seinem stummen Blick – auf Billys Rücken. Scullys Augen weiteten sich.

Die roten Male waren verschwunden.

„Detective Miles“, Mulder räusperte sich, „Sie haben hoffentlich nichts dagegen, wenn wir Billy ein paar Fragen stellen.“

„Etwas dagegen? Nein. Überhaupt nicht“, sagte der Detective. Er hielt Billy in einer Bärenumarmung und betrachtete seinen Sohn voll freudiger Überraschung. „Sie haben mich davon abgehalten, das Wahnsinnigste zu tun, was ein Vater tun kann. Sie haben meinem Jungen das Leben gerettet und ihn von den Toten zurückgeholt. Fragen Sie nur!“

Der Detective bestand darauf, Billy selbst zurück in die Nervenklinik zu fahren. Mulder und Scully brachten Theresa zu Hause vorbei und fuhren dann ebenfalls in die Klinik.

„Hey, Scully, immer mit der Ruhe." Mulder griente. „Wir können nicht beide rücksichtslose Fahrer sein."

„Wie wahr!" Scully schluckte. Zögernd bremste sie auf die erlaubte Geschwindigkeit ab. Mulder hatte recht. Sie wollte keinen Unfall bauen – nicht, bevor sie von Billy ein paar Antworten bekommen hatten.

Billy saß in seinem Bett, als sie kamen. Dr. Glass war bei ihm. Der Psychiater sah verwirrt aus.

„Ein äußerst ungewöhnlicher Fall", sagte er. „In all den Jahren habe ich so etwas noch nie gesehen."

„Da haben Sie recht", sagte Mulder. „Es ist ein äußerst ungewöhnlicher Fall. Deswegen ist es wichtig, daß wir Billy befragen."

„Natürlich", stimmte Dr. Glass zu. „Aber bitte nur kurz. Er ist immer noch schwach – er wird eine Weile brauchen, bis er sich erholt hat."

Billy sah angegriffen aus, wie er schlaff auf dem Bett lag, das drei Jahre sein Krankenlager gewesen war. Aber seine Augen lebten. Und obwohl seine Stimme schwach war, sprach er klar und deutlich.

Mulder sprach ebenfalls leise. Er wollte Billy nicht beunruhigen. Er war immer noch so instabil wie ein Kartenhaus.

„Erzählen Sie mir von dem Licht, Billy", sagte Mulder. „Wann haben Sie es zuerst gesehen?"

„Im Wald", antwortete Billy. „Wir waren alle im Wald. Wir haben eine Party gefeiert. Alle meine Freunde. Wir haben gefeiert."

„Was habt ihr gefeiert?“ fragte Mulder.

„Schulabschluß . . .“

„Aber du hast die Schule nicht abgeschlossen“, wandte Mulder ein.

„Nein“, sagte Billy. „Das Licht hat mich davongeholt.“

„Wohin hat es dich gebracht?“ fragte Mulder behutsam weiter.

„An den Testplatz“, erklärte Billy.

„Haben Sie Tests mit dir durchgeführt?“

„Ja.“ Billy nickte matt.

„Hast du Ihnen geholfen, die anderen zu testen?“ fragte Mulder.

„Ja“, sagte Billy. „Ich habe auf ihre Befehle gewartet. Ich sollte die anderen holen.“

„Wie haben sie dir die Befehle gegeben?“

„Durch das Implantat“, flüsterte Billy. „Aber die Tests haben nicht funktioniert. Ich . . .“

Billys Stimme zitterte jetzt. Eine Kerzenflamme, die im Wind flackerte.

„Du was?“ drängte ihn Mulder weiterzusprechen. Er beugte sich vor, um die Worte zu verstehen. Auch Scully neigte sich näher zu dem Jungen.

Sie sahen Tränen über Billys Wangen rollen. Billy brachte zwischen Schluchzern hervor: „Sie haben gesagt, es wäre in Ordnung. Sie wollten nicht, daß es jemand erfährt. Sie wollten, daß alles zerstört wird. Ich habe Angst . . . Angst, daß sie zurückkehren.“

„Du mußt keine Angst haben“, versuchte Mulder, ihn zu beruhigen. „Wenn du mir jetzt bloß noch sagen kannst . . .“

Aber Billy hatte alles gesagt, was er in dieser Nacht sagen konnte. Er schluchzte unkontrolliert.

„Ich fürchte, das muß genügen“, sagte Dr. Glass zu Mulder. „Ich hoffe, Sie haben genug gehört.“

„Fragen Sie nicht mich.“ Mulder schüttelte den Kopf. „Fragen Sie Agent Scully.“

Doch das tat Mulder dann schon selber. „Wie steht es, Scully?“ fragte er sanft. „Haben Sie genug gehört? Genug für Ihren Bericht?“

20

„Sie erwarten Sie", sagte Special Agent Jones zu Scully.

Scully hätte sich beinahe umgedreht, um einen Blick mit Mulder auszutauschen. Aber sie tat es nicht – weil Mulder nicht da war.

Schon komisch, dachte sie, wie sehr ich mich daran gewöhnt habe, daß er da ist . . . Komisch, wie schnell wir zu einem Team geworden sind.

Jetzt war sie allein. Zurück im FBI-Hauptquartier in Washington. Die großen Bosse hatten den Bericht gelesen, den sie abgegeben hatte. Nun wollten sie mit ihr sprechen.

Jones führte sie in den Konferenzraum. Sie sah dieselben Männer am Tisch sitzen – alles wie beim letzten Mal.

Machte sie auch noch denselben Eindruck wie beim letzten Mal? War sie dieselbe vernünftige, kerngesunde Agentin, die diese Männer da auf den Fall eines Verrückten angesetzt hatten?

Sie versuchte auszusehen wie ihr altes souveränes Selbst, als sie sich setzte. Dann wartete sie auf die Fragen.

Der ältere Mann, der offensichtliche Chef, sprach zuerst.

„Wir haben Ihren Bericht gelesen, Miss Scully", sagte er. „Ehrlich gesagt, wissen wir nicht, was wir damit anfangen sollen."

Der Mann neben ihm fragte: „Hat Agent Mulder versucht, Sie in irgendeiner Weise zu beeinflussen? Hat er Ihnen Sand in die Augen gestreut? Ihnen Märchen erzählt?"

Scully blieb ruhig. „Nein, Sir. Agent Mulder hat mir erlaubt, mir eine eigene Meinung zu bilden. Kein Rauch. Keine Spiegel. Ganz offen und ehrlich.“

Ein dritter Mann stimmte ein. Er klang höhnisch. „Also glauben Sie, daß Außerirdische in Amerika herumfliegen? Daß sie mit Laserpistolen auf Leute schießen?“

Scully zwang sich, höflich zu lächeln und so zu tun, als hätte er einen kleinen Scherz gemacht. „Nein, Sir“, entgegnete sie. „Ich glaube nicht, daß wir ausreichend Beweise haben, das zu sagen.“

„Ich habe von den Beweisen gelesen, die Sie haben“, grummelte der zweite Sprecher. „Zeitsprünge. Groteske Leichen. Und was ist mit diesem anderen Ding? Das Sie ein Implantat nennen?“

Scully holte ein Glasröhrchen aus ihrer Tasche. Vielleicht würde sie nun schaffen, was ihr Bericht offensichtlich nicht erreicht hatte. Vielleicht würden diese Männer ihren eigenen Augen trauen.

Die Männer reichten das Röhrchen von Hand zu Hand und betrachteten nacheinander das kleine Metallobjekt.

„Unsere Labortests konnten das Metall nicht identifizieren“, sagte Scully. „Dies stammt aus dem Nasenbereich der Leiche. Billy Miles hat dasselbe Objekt beschrieben. Er sagte, es habe auch in seiner Nase gesteckt. Es habe ihm befohlen, zu töten. Man könnte es eine Art Fax nennen – mit dem Mordbefehle übertragen wurden.“

Das Röhrchen lag in der Hand des Obersten. Er starrte es an, als überlege er, was er dazu sagen sollte. Ein Ausdruck leichten Widerwillens huschte über seine kontrollierten Züge.

Schließlich riß er sich zusammen, fixierte Scully und sagte: „Kehren wir zurück auf die Erde. Was passiert mit dem Jungen? Billy? Wird er angeklagt?“

„Billys Vater und der Gerichtsmediziner haben die Ermittlungen behindert“, sagte Scully. „Billy hat natürlich seinen Anteil an den Todesfällen gestanden.“

„Seinen *Anteil*?“ tönte der zweite Sprecher. „Wer sonst hatte denn noch damit zu tun?“

Bevor Scully antworten konnte, fragte der Oberste: „Wollen Sie damit sagen, daß der Junge des Mordes angeklagt wird?“

„Nein, Sir“, sagte Scully. „Wir haben die Gesetzeshüter überreden können, die Sache fallenzulassen. Wir haben gesagt, es wäre das Beste für alle Beteiligten.“

„Allerdings“, schnaubte der zweite Mann. „Das fehlte uns gerade noch. Ein aalglatter Anwalt, der Mulder in den Zeugenstand ruft. Ein FBI-Agent, der zugunsten eines Mörders aussagt, er sei von einem Alien entführt worden!“

Der dritte Sprecher fragte Scully barsch: „Hat irgend jemand sich die Mühe gemacht, darüber nachzudenken, daß der Junge vielleicht einfach nur ein unheimlich gerissener Mörder ist?“

Scully suchte nach einer Anwort, die sie nicht hatte. Doch der Chef bewahrte sie davor, ein Kaninchen aus dem Hut zaubern zu müssen.

„Kommen wir bitte wieder zum Thema unseres Meetings“, sagte er. „Was glaubt Agent Mulder?“

Jetzt hatte Scully ein anderes Problem. Sie hatte zuviel zu sagen. Mulder hatte ihr zuviel gestanden. Zuviel, das kaum jemand auf dieser Welt glauben würde.

Mit Sicherheit jedenfalls nicht diese Männer, die auf der anderen Seite des Tisches auf eine Antwort warteten.

Sie tat, was sie für das beste hielt. Sie sagte so wenig wie möglich.

„Agent Mulder glaubt, daß wir nicht allein sind."

Der Chef sah sie lange an. Dann zuckte er eine Winzigkeit mit seinen Schultern. Vielleicht ein Achselzucken.

„Danke, Miss Scully", sagte er. „Sie können gehen."

„Ich möchte noch sagen, daß . . ." begann Scully.

„Vielen Dank, Miss Scully", wiederholte der Mann. Er hob die Stimme nur ein wenig.

„Ja, Sir. Vielen Dank, Sir."

Scullys Magen fuhr Achterbahn, als sie sich erhob.

Nur eine Sache bewahrte sie davor, daß ihr wirklich schlecht wurde. Das kleine Lächeln, das Agent Jones ihr mitgab, als er sie zur Tür hinausgeleitete. Das Lächeln schien zu sagen, daß sie sich gut gehalten hatte.

Jones' Lächeln verschwand, als er die Tür von innen schloß. Sein Gesicht war ausdruckslos, als er zu seinen Bossen zurückkehrte.

Die Männer am Tisch waren damit beschäftigt, ihre Notizen zu vergleichen.

„Ihr Bericht paßt zu den geheimen Papieren des Pentagon", sagte der dritte Mann. Er schüttelte den Kopf.

Der zweite Sprecher teilte seine Besorgnis. „Es wäre Selbstmord, wenn wir damit an die Öffentlichkeit gingen. Oder wenn der Kongreß davon erführe. Wir müßten all unsere Zeit damit verbringen, Geister und Außerirdische zu jagen."

Ein bislang stummer Mann sagte verärgert: „FBI würde dann *Federal Boogeymen Investigators* heißen, Bundesalienermittler."

„Es würde eine Massenhysterie geben", erklärte der dritte Sprecher.

Der Chef hörte schweigend zu, bis die Diskussion beendet war. Alle sahen ihn an – und warteten auf seine Entscheidung.

Er räusperte sich.

„Meine Herren", sagte er. „In diesem Bericht finden sich keine harten Beweise. Wir müssen Agent Scully ihren Kollegen Mulder im Auge behalten lassen. Sie muß uns genug Material an die Hand geben, um die X-Akten endgültig schließen zu können. Bis dahin werden die Informationen aus Agent Scullys Bericht diesen Raum nicht verlassen. Special Agent Jones, legen Sie die Beweise wie üblich ab!"

„Ja, Sir", sagte Jones.

Er sammelte alle Kopien des Berichtes wieder ein. Ein dicker Stapel. Scully hatte gute Arbeit geleistet.

Dann gab der Oberste ihm das Glasröhrchen mit dem Metall-Implantat. „Kümmern Sie sich insbesondere darum!" wies er Jones an.

„Ja, Sir!"

Jones ging in den Keller des Bureau-Hauptquartiers. Er schloß die Tür zu einem Raum auf, von dem nur wenige Agenten wußten. Und zu dem noch weniger einen Schlüssel hatten.

Darin stand ein Edelstahl-Ofen. Er öffnete die Tür, warf die Berichte hinein und drückte einen Knopf. Er beobachtete die hungrigen, orangeroten Flammen.

Er wartete, bis das Feuer seine Arbeit getan hatte, und ging mit schnellen Schritten davon.

Er begab sich auf den Parkplatz des Hauptquartiers.

„Ich brauche einen Wagen“, sagte er dem Aufseher.

„Wieder ein Spezialauftrag, Jones?“ erwiderte der Mann. „Schöner Tag für einen Ausflug. Manche Leute haben eben mehr Glück. Ich muß hier bis sechs sitzen bleiben.“

„Yeah, ich Glückspilz“, sagte Jones.

Er verließ die Stadt, überquerte den Potomac und fuhr duch das ländlich grüne Virginia. Er bog schließlich vom Highway auf einen schmalen, unbeschilderten Asphaltweg ab.

Er hielt vor einem Eisentor, das in eine hohe Steinmauer eingelassen war. Es sah aus wie die Einfahrt zu einem Privatgrundstück, doch Privatgrundstücke werden nicht von zwei Soldaten mit halbautomatischen Waffen bewacht.

„Hey, Jones“, sagte der diensthabende Sergeant, nachdem Jones seinen Ausweis gezeigt hatte. „Noch ein Job?“

„Noch ein Job“, bestätigte Jones.

Das Tor schwang auf, Jones folgte dem Asphaltweg bis zu einem großen, quadratischen, fensterlosen Betongebäude.

Jones zeigte dem Soldat vor der Tür seinen Ausweis und ging hinein.

Drinnen befand sich ein Labyrinth aus deckenhohen Regalen, auf denen sich massive Stahlkisten stapelten. Die Stahlkisten waren fest verschlossen.

Jones zögerte nicht. Er wußte genau, wohin er wollte.

Ganz am Ende des Gebäudes blieb er stehen. Er holte einen Schlüssel heraus und öffnete eine der Stahlkisten, die mit einer Codenummer beschriftet war.

Vorsichtig legte er das Glasröhrchen hinein.

Direkt neben vier andere, identische Glasröhrchen.

Als er die Kiste zuklappte und abschloß, fragte er sich, wie oft er diese Fahrt noch würde machen müssen.

Er dachte an Scully. Er dachte an Mulder. Er dachte an die X-Akten, an die zahllosen ungelösten Fälle.

Als er das Gebäude verließ, sagte er zu dem Wächter: „Bis zum nächsten Mal.“

Charles Grant

AKTE X
DIE UNHEIMLICHEN FÄLLE DES FBI

Lebende Schatten

Roman

Als im Umkreis eines Militärstützpunktes in New Jersey grausame Morde geschehen, werden Scully und Mulder auf Befehl von Regierungskreisen an den Tatort geschickt. Dort geht unter der örtlichen Bevölkerung die Mär von einem bösartigen Kobold um, der nur bei Nacht und Nebel mordet. Doch es gibt keine Augenzeugenberichte, denn niemand hat die Begegnung mit dieser todbringenden Kreatur, die gleich einem lebenden Schatten durch die Abenddämmerung schleicht, überlebt . . .

Wird es Scully und Mulder gelingen, Licht in diesen mysteriösen Fall zu bringen?

DIE WAHRHEIT IST IRGENDWO DORT DRAUSSEN . . .

vgs verlagsgesellschaft Köln

Charles Grant

AKTE X
DIE UNHEIMLICHEN FÄLLE DES FBI

Wirbelsturm

Roman

In der Wüste von New Mexico findet man mehrere bis zur Unkenntlichkeit verstümmelte Leichen ... Am Rio Grande wird ein Junge auf grausame Weise ermordet ... Das Vieh auf den Weiden ist nicht mehr sicher ... Alle mysteriösen Fälle haben eines gemeinsam: Die Opfer wurden anscheinend bei lebendigem Leibe gehäutet!

Als die örtlichen Polizeibehörden nicht mehr weiter wissen, fliegen die beiden FBI-Agenten Mulder und Scully nach Albuquerque, um der Sache auf den Grund zu gehen. Doch bis eine bizarre Entdeckung Mulder schließlich auf die richtige Fährte führt, gibt es noch weitere Tote ...

DIE WAHRHEIT IST IRGENDWO DORT DRAUSSEN ...

vgs verlagsgesellschaft Köln